Prenzlau

Naturpark

4 **Lychen**

ⓘ
Himmelpfort

3

Uckermärkische Seen

Templin

Blumberger Mühle
Angermünde

Schwedt/Oder

5

Criewen **6**

Nationalpark
Unteres Odertal

Biosphärenreservat

Joachimsthal ⓘ

Schorfheide-Chorin

Naturpark
Barnim

Eberswalde

Oranien-
burg

7 **Wandlitz**

Bernau
bei Berlin

LAND

Strausberg

Naturpark

Buckow **8**

BERLIN

Märkische Schweiz

sdam

Fürstenwalde/
Spree

Ludwigs-
felde

Frankfurt
(Oder)

König-

Wenn Sie die Naturlandschaften in Brandenburg besuchen
wollen, dann wenden Sie sich gern an:

VBB-Infocenter
Hardenbergplatz 2   10623 Berlin
Mo – Fr 08 – 20:00 Uhr   Sa + So 09 – 18:00 Uhr
Fon 030 25 41 41 – 41
info@vbbonline.de
www.vbbonline.de

Der Verkehrsverbund Berlin-Brandenburg (VBB) ist ein Verbund
von 42 Verkehrsunternehmen in Berlin und Brandenburg

ODEG Servicestelle am Bahnhof Berlin-Lichtenberg
Telefonische Beratung   030 514 88 88 88

Die ODEG betreibt in Berlin-Brandenburg vier besonders natur-
nahe Regionalbahnlinien:
OE25 Berlin-Lichtenberg – Werneuchen
OE36 Berlin-Lichtenberg – Beeskow – Frankfurt/Oder
OE60 Berlin-Lichtenberg – Eberswalde – Frankfurt/Oder
OE63 Eberswalde – Joachimsthal

Fahrkarten ohne Aufpreis an den Automaten in den Zügen. Es
gilt der VBB-Tarif. Nicht alltägliche Touren-Tipps entlang der
Bahnlinien veröffentlicht die ODEG jährlich in der kostenlosen
Broschüre BrandenTour – unter anderem erhältlich auf
www.odeg.info

Adler, Otter, Orchideen

Brandenburgs Naturlandschaften

Herausgegeben vom

Landesumweltamt Brandenburg

DANKE

Wir bedanken uns außerordentlich bei unserem Autor Jörg Götting-Frosinski, der den Text sehr engagiert erarbeitet hat. Aus den Texten ist seine Liebe zur Natur und zum Land Brandenburg herauszulesen. Auch den „zuarbeitenden" Autoren der brandenburgischen Großschutzgebiete und der besonderen Unterstützung von Andrea Mack sei an dieser Stelle Dank gesagt.

Die Idee zu diesem Buch hatten mehrere gleichzeitig – so auch die EMB, der wir an dieser Stelle dafür und die finanzielle Unterstützung danken. In Hubertus Meckelmann von der Stiftung Naturlandschaften Brandenburg, Prof. Dr. Matthias Freude und Frauke Zelt vom Landesumweltamt Brandenburg hatten wir vom L&H Verlag dann kontinuierliche und professionelle Hilfe.

Ihnen und auch allen anderen Beteiligten, die dieses Buch hilfreich mit unterstützten, danken wir sehr herzlich.

Wolfgang Henkel
L&H Verlag

Lust auf NaTour

BRANDENBURGS NATIONALE NATURLANDSCHAFTEN

Brandenburgs Nationale Naturlandschaften machen Lust auf NaTour. Alle Informationen und Angebote der elf Naturparks, drei Biosphärenreservate und des Nationalparks Unteres Odertal unter www.grossschutzgebiete.brandenburg.de und in unserer kostenlosen Broschüre „Lust auf NaTour" - zu bekommen beim Landesumweltamt Brandenburg, Seeburger Chaussee 2, 14476 Potsdam, OT Groß Glienicke, Tel. 033201 - 442-0 • E-Mail: infoline@lua.brandenburg.de

Nationale Naturlandschaften

Jeder Naturpark hat eine Ziffer. Die Ziffern beginnen im Nordwesten des Landes Brandenburg und verlaufen im Uhrzeigersinn um Berlin herum. Das hat zur Folge, dass die nächste Ziffer nach vorn und hinten fast immer auch den nächstgelegenen Naturpark kenntlich macht. Die Ziffer 15 kennzeichnet den letzten Naturpark – dann wieder im Nordwesten Brandenburgs. In keinem Fall entspricht die Reihenfolge einer Wertigkeit, die Bezifferung dient allein der klareren Orientierung.

Jeder Naturpark ist so ausführlich wie erforderlich beschrieben. Mit diesen vom Autor und den jeweiligen Naturparks entwickelten Texten haben Sie eine gute Informationsgrundlage für Ihr Naturparkerlebnis. Weiterführende und detaillierte Infos gibt es in den jeweiligen Besucherzentren. Die Adresse finden Sie jeweils am Ende der Texte, die Anfahrt bezieht sich immer auf dieses Besucherzentrum. Auch die Ziffern in den Karten kennzeichnen immer den Ort des Besucherzentrums.

Eine Fülle an Tipps für Ausflüge und Aktivitäten, mit Ansprechpartnern, Adressen und Telefonnummern hält die Broschüre „Lust auf NaTour – Brandenburgs Großschutzgebiete" bereit. Die brandenburgischen Großschutzgebiete bieten jedes Jahr über hundert Lust auf NaTour-Touren an, die ebenfalls in einer Broschüre veröffentlicht werden. Außerdem gibt es zu jedem Großschutzgebiet ein Faltblatt mit einer Übersichtskarte. Diese Materialien können Sie beim Landesumweltamt Brandenburg anfordern (siehe auch Anzeige auf Seite 5 dieses Buches).

Die Großschutzgebiete sind auch mit öffentlichen Verkehrsmitteln erreichbar. Besonders empfehlenswert ist die Kombination von Bahn und Fahrrad. Informationen unter www.vbbonline.de oder www.bahn.de.

Bitte beachten Sie, dass sich die detaillierten Service-Angaben eventuell ändern können. Es ist deshalb ratsam, vor dem Besuch nochmals detailliert Informationen abzufragen. Autor, Herausgeber und Verlag übernehmen keine Garantie für die Richtigkeit der Informationen. Sollten Sie Kritik, Anregungen oder Wünsche haben, nutzen Sie bitte diese Kontaktadresse: L&H Verlag, Einsteinufer 63a, 10587 Berlin. Oder: Kontakt@LH-Verlag.de

INHALT

VORWORT

Eine Einladung in unsere Naturlandschaften

Im Laufe meines Lebens bin ich viel herumgekommen, habe spektakuläre Natur gesehen – auf allen Kontinenten. Wenn ich von Brandenburgs natürlicher Schönheit spreche, dürfen Sie mir glauben: Ich weiß, wovon ich rede. Und ich kann Ihnen versichern, dass ich bei allem, was ich sonst noch so gesehen habe, für Brandenburgs Landschaften, Brandenburgs Natur eine unverminderte Begeisterung empfinde: Man muss sie gesehen, muss sie erlebt haben, und das nicht nur einmal.

Das vorliegende Buch soll Ihnen Lust darauf machen. Es war das erklärte Ziel der Autoren aus dem Landesumweltamt Brandenburg, dass Ihnen das Lesen und Stöbern in diesem Reiseführer Freude macht. Wenn Sie beim Lesen Lust aufs Entdecken und Erleben, Lust auf die kleinen und großen Abenteuer bekommen, die Brandenburg für Sie bereithält, dann haben wir unser Ziel schon fast erreicht. Allerdings nur fast. Denn eins ist klar: Der schönste Reiseführer, die unterhaltsamste Lektüre können das wirkliche Erlebnis nicht ersetzen – noch nicht einmal ansatzweise. Sie müssen es selber erleben, wie es ist, wenn ein Biber kurz vor ihrem Boot mit einem satten „Platsch" seines flachen Schwanzes abtaucht, wenn der Seeadler eine Schar Gänse aufscheucht, um zu prüfen, ob eine Attacke lohnt, wenn Sie einen Bussard rufen hören und ihnen ein erfahrener Ornithologe sagt, das ist der Eichelhäher, der den Bussard imitiert. Erleben Sie selbst die Weite der Landschaft, den würzigen Duft der ausgedehnten Wälder, das klare Wasser unserer Seen, dieses Land, das wie geschaffen ist, es zu Fuß, per Rad, auf dem Pferderücken oder vom Boot aus zu entdecken.

Brandenburg hat viel zu bieten: Es gehört zu den vogelartenreichsten Bundesländern Deutschlands: 352 Vogelarten wurden bisher nachgewiesen, 200 davon brüten regelmäßig hier. Zwischen 5,5 und 8 Millionen Vögel ziehen in Brandenburg alljährlich ihre Jungen auf, dazu kommen Hunderttausende Zugvögel, die hier rasten oder überwintern. Mehr als 50.000 Kraniche an einem Ort – unvergesslich, nur in Brandenburg. Sie, unsere Gäste, können das erleben. Und ich finde, es ist immer wieder etwas Besonderes, die Vogelscharen im Herbst zu beobachten, dem Ruf der Rohrdommel im Frühjahr zu lauschen, den Fischadler jagen und den Eisvogel fliegen zu sehen.

Brandenburg ist auch eines der gewässerreichsten Bundesländer. Mehr als 3.000 Seen gibt es hier, die jeweils mehr als einen Hektar Wasserfläche haben, dazu über 30.000 Kilometer Fließgewässer, unzählige Kleingewässer, Sölle und Moore. Ob unsere Gäste in Bädern und Thermen kuren oder sich im, am und auf dem Wasser bewegen wollen, ob sie Naturbeobachtungen machen oder einfach nur die harmonische Landschaft auf sich einwirken lassen – wer Brandenburgs natürliche Schönheit genossen hat, kommt gerne wieder und bleibt dann auch ein Weilchen.

Brandenburgs eindrucksvollste Landschaften gehören zum Netz der 15 Großschutzgebiete, die in diesem Reiseführer vorgestellt werden. Der Nationalpark, die drei Biosphärenreservate und elf Naturparks sind inzwischen zu einem Markenzeichen Brandenburgs geworden. Sie locken mit ihren touristischen Angeboten ebenso wie mit ihrer reichen Naturausstattung, die in Deutschland und Europa ihresgleichen sucht. Sie werden sehen: Brandenburg ist mehr als die sprichwörtliche Streusandbüchse. Ich lade Sie ein: Lesen Sie, kommen Sie und genießen Sie!

Prof. Dr. Matthias Freude
Landesumweltamt Brandenburg

MECKLENB

Pritzwalk

Wittstock/
Dosse

Na

Perleberg

Biosphärenreservat

Stechli

Flusslandschaft·Elbe

La

NIEDER-
SACHSEN

Wittenberge

Neuru

Naturpar

Westhavelland

Rathenow

Na

Premnitz

Brandenburg
an der Havel

Wer
(Ha

Naturpark

Hoher Fläming

SACHSEN-

ANHALT

SAC

Wittstock

Pritzwalk

Nat
Stec

Neurupp

Biosphären-
reservat

Lenzen

Wittenberge

Flusslandschaft **1** **Rühstädt**

Elbe

Naturpark

Westhavelland

Rathenow

Milow
2

Brandenburg
an der Havel

Naturpark

Hoher Fläming

Belzig

Raben
15

1   AM STROM DER GEZEITEN

Wenn die Elbe in Brandenburg ankommt, ist sie an prunk-
vollen Schlössern und Burgen, weitläufigen Gärten und Parks,
großen Städten und verträumten Dörfern vorbeigezogen. Sie ist
Staustufen hinabgefallen, hat sich durch die Schluchten des Elb-
sandsteingebirges gezwängt und unbezahlbare Kulturschätze
passiert. Noch sind es rund 150 Kilometer bis zu ihrem Binnen-
delta in Hamburg mit dem bedeutenden internationalen Hafen
und deutlich maritimer Ausprägung (Ebbe und Flut), und von
dort aus noch über 100 Kilometer bis zur Mündung bei Cuxhaven
in die Nordsee, ihrem bemerkenswerten Finale mit Trichtermün-
dung, Sandbänken und einer engen Fahrrinne für Ozeanriesen.
Der Landschaft Brandenburgs verleiht der Strom ein ganz eigenes Gesicht. Im Biosphärenreservat Flusslandschaft Elbe-Brandenburg, etwa auf halbem Weg zwischen Berlin und Hamburg,
beginnt der Norden. Wind und Wetter, Licht und Schatten,
Wolkenberge und ihre Spiegelungen im Wasser prägen den Blick
über den Strom und das flache Land. Herbe Schönheit charakterisiert die Elbauen – ein Land für Stillesucher. Fast immer weht
der Wind, trägt Geräusche übers Wasser, die man in der Ab-
wesenheit von Hektik und Lärm der Großstädte hier besonders
deutlich wahrnimmt: den Ruf ziehender Kraniche und den Flügelschlag wilder Gänse, das Stampfen der Schiffsturbinen und das
gleichmäßige Platschen brechender Wellen, Lachen und Rufe
vom anderen Ufer und im Winter das Knirschen der Eisschollen.

Ein Geheimtipp ist diese Flusslandschaft an der Havelmün-
dung seit einigen Jahren allerdings nicht mehr. Glöwen, der
Kurort Bad Wilsnack, die Stadt Wittenberge und Karstädt sind
Stationen der Regionalbahnstrecke zwischen Berlin und Wismar.
Im Zwei-Stunden-Takt halten die Intercity-Züge aus Hamburg
und Berlin am Bahnhof Wittenberge. Malerische Dörfer, das
Europäische Storchendorf Rühstädt, Burg Lenzen, die Platten-

ELBTAL AUS DER VOGELPERSPEKTIVE
Zugvögel orientieren sich an seinem Verlauf

burg, größte Wasserburg Norddeutschlands, und Bad Wilsnack, einst bedeutende Wallfahrtsstätte, sind Stationen auf der Reise in die Landschaft am Strom.

Über 400 Flusskilometer erstreckt sich das UNESCO-Biosphärenreservat Flusslandschaft Elbe von Dessau bis nach Lauenburg. Fünf Bundesländer sind an diesem weltweit einzigartigen Schutzgebiet beteiligt. Rund 75 Kilometer lang ist der brandenburgische Abschnitt, durch den die Elbe als breiter Tieflandstrom in weiten Mäandern zieht. Nur noch wenige vergleichbare Stromlandschaften gibt es heute in Mitteleuropa.

An der Elbe finden sich eine enorme Lebensraumvielfalt und eine ungeheuere Artenfülle auf vergleichsweise engem Raum, die Naturfreunde ins Schwärmen geraten lassen. Mehr als 150 Brutvogel-, 12 Amphibien- und 36 Tagfalterarten lassen sich entdecken. Sorgte man sich vor Jahren noch um die Wasserverschmutzung der Elbe, sind jetzt viele Fischarten zurückgekehrt. So ziehen seit einigen Jahren wieder Lachse und Meerforellen zum Laichen an Wittenberge vorbei die Stepenitz hinauf. Quappe, Zander und Rapfen sind in reicher Zahl vertreten, und auch der Elbebiber baut seine Burgen in den Weidendickichten des Elbufers.

KOPFWEIDEN IM LANDSCHAFTSBILD DER ELBAUEN
Hin und wieder „nasse Füße" machen ihnen nichts aus

NATURSCHAUSPIEL VOGELZUG
Einflug der Kraniche zu den Schlafgewässern

Die West-Prignitz ist das Land der Störche. Mit weit über 100 Paaren, die allein im Brandenburger Biosphärenreservat brüten, ist dies die größte Storchenpopulation in der Bundesrepublik Deutschland. Besonders bekannt ist das „Europäische Storchendorf Rühstädt" mit jährlich rund 40 Brutpaaren, doch auch in der Lenzerwische in den Orten Mödlich und Kietz ziehen jedes Jahr etliche Weißstorch-Paare ihre Jungen auf.

Flusslandschaft im Laufe der Jahreszeiten

An der Elbe ist zu jeder Jahreszeit „Saison". Bis weit in den Oktober hinein treten die Radler auf dem Internationalen Elberadweg, einer der beliebtesten Fahrradrouten Deutschlands, in die Pedale, schön eingepackt in Wind- und Wetterzeug. Im Winter sind die Auen oft überflutet. Eisschollen ziehen träge flussabwärts, begleitet vom Rufen nordischer Singschwäne. Nur in besonders strengen Wintern friert die Elbe zu. Dann kann man mit der gebotenen Vorsicht zu Fuß von einem Ufer zum anderen gelangen.

Im März beginnt der Vogelzug. Tausende Kraniche, Wildgänse und Kiebitze nutzen das breite Urstromtal als Zugleitlinie auf dem Weg von Nord nach Süd und umgekehrt. Im Mai pulsiert

DYNAMISCHE ELBAUENLANDSCHAFT
Niedrigwasser bringt Sandbänke zum Vorschein

überall das Leben: Aus dem Flachwasser entlang der Deiche „blubbern" himmelblau gefärbte Moorfrösche, Rotbauchunken lassen ihre tragenden Rufe kilometerweit hören. Klappernd beziehen die Störche ihre Nester in den Dörfern. Später im Jahr – im Juli und August – wird es stiller am Fluss. Die Elbe zieht sich in ihr Bett zurück, breite Sandstrände kommen zum Vorschein.

Aber es gibt auch Jahre, in denen gar nichts still und friedlich ist. Sommerhochwasser an der Elbe können, wie im Jahr 2002, gewaltig sein. Über sieben Meter schwanken dann die Wasserstände des Stroms. Durch die Jahrtausende während Flussdynamik, dem Wechselspiel von Hoch- und Niedrigwasser, entstand das vielgestaltige Mosaik aus Sandbänken, Flutrinnen mit breiten Schlickzonen, die als „Haken" und „Bracks" bezeichnet werden. Manche waren Seitenarme des Stroms, andere sind durch Deichbrüche entstanden. Nacheiszeitlich wehten Binnendünen und Talsandflächen am Rand des Urstromtals auf. Die Dünen von Quitzöbel, am westlichen Stadtrand von Wittenberge sowie die besonders eindrucksvolle Binnendüne von Klein Schmölen, kurz vor der Stadt Dömitz, gehören zu den schönsten Orten, an denen trockenwarme Lebensräume studiert werden können.

Im Herbst ziehen Tausende von wilden Gänsen schnatternd über den blassen, hohen Himmel. Kraniche rufen. Morgens steigen Nebel auf. Die Sonne steht tiefer, wirft lange Schatten und taucht die Strukturen der Landschaft in warmes Licht. Das Grün der Wiesen wird ockerfarben, in den Hecken leuchten Hagebutten rot, in den Gärten erstrahlen letzte Sommerblumen in einem Farbenrausch. Es riecht nach Feuchtigkeit und Herbstfeuer – eine der schönsten Zeiten am Fluss.

Mit Muskelkraft die ideale Geschwindigkeit zum Entdecken finden

Radwandern ist die ideale Form, die Flusslandschaft Elbe zu entdecken. Neben dem beliebten internationalen Elberadweg sind im Biosphärenreservat zahlreiche Radtouren ausgeschildert, zum Beispiel rund um Lenzen die Marschen-, Geest- und Flussroute. In die schönsten Orte des Biosphärenreservats führt die Naturerlebnisroute, jede Station bietet eine eigene Naturerfahrung: Auf dem Qualmwassersteg beim Lenzener Fährdamm ist Balance gefragt, die Kopfweidentreppe bei Schadebeuster führt zu einem ungewöhnlichen Aussichtspunkt in der Krone einer alten Kopfweide, und im Schlosspark von Rühstädt werden die Besucher zu einem Waldkonzert in ungewöhnlichen Sitzmöbeln eingeladen. Die Stationen der Naturerlebnisroute sind durch besondere Wegmarken gekennzeichnet und dadurch nicht zu verfehlen. Ein Faltblatt informiert über die 20 Stationen der Naturerlebnisroute mit ihren ungewöhnlichen Ausblicken und diskreten Einblicken.

Schöne Wanderrouten von unterschiedlicher Länge führen rund um das Rambower Moor, um das Europäische Storchendorf Rühstädt und durch den Wald von Bad Wilsnack nach Plattenburg.

RADWANDERPARADIES BIOSPHÄRENRESERVAT
Kilometerlange Radwege auf Deichen und im Hinterland

ELBUFER IN BRANDENBURG
Einheit von Flussbett und Auenlandschaft

Auch viele Pferdefreunde haben das Biosphärenreservat längst für sich entdeckt. Der Wanderritt oder die Fahrt mit der Kutsche führen auf naturbelassenen Wegen durch die Flusslandschaft, durch dichte Wälder, entlang alter Alleen und kleiner Flüsse. Zu empfehlen sind die „Prignitz-Tour", für die man Wegbeschreibungen und Karten im Besucher-Informationszentrum und den Fremdenverkehrsvereinen erhält, und der ausgeschilderte Gestütsweg von Neustadt/Dosse ins mecklenburgische Redefin. Dieser Weg führt auf rund 120 Kilometern auch durch das Biosphärenreservat Flusslandschaft Ebe-Brandenburg. In vielen Orten gibt es Reiterhöfe und Wanderreitstationen.

Im Reich des Wasserochsen

Im Herbst, wenn es für Radtouren vielleicht schon zu kalt und zu stürmisch ist, wenn Nebel über den Niederungen steht und die Rufe von Kranichen und Gänsen mit der hereinbrechenden Dämmerung für eine fast feierliche Stimmung sorgen, können Besucher eine wunderschöne Wandertour rund um das Rambower Moor unternehmen. Um das nordöstlich von Lenzen gelegene Moor herum verläuft ein etwa 12 Kilometer langer

Rundweg, ausgestattet mit Beobachtungstürmen und einem Bohlenweg. Auf diese Weise ist das Rambower Moor, das zu den besterhaltenen und schönsten Durchströmungsmooren Deutschlands gehört, aus ganz verschiedenen Perspektiven zu erleben. Es ist der Lebensraum eines „komischen Vogels", dem allein der deutsche Volksmund nicht weniger als 47 Namen verliehen hat, von denen viele eher etwas mit Rindviechern zu tun haben, als mit Großvögeln. Moorochse, Wasserochse, Riedochse, Mooskuh, Rohrbrummer und Kuhreiher sind einige Bezeichnungen, die die Große Rohrdommel höchstwahrscheinlich ihrem eigentümlichen Ruf verdankt. Er hört sich so ähnlich an, wie wenn jemand auf einer Flasche bläst – ein dumpfer, ziemlich tiefer und melancholischer Ton, der kilometerweit zu hören ist.

Die Große Rohrdommel ist ein extrem störungsempfindlicher Vogel, ihre Vorkommen haben sich durch Verlust an Lebensraum – Zerstörung der Schilfbestände und Trockenlegung der Habitatgewässer – stark dezimiert. In Deutschland steht sie auf der Roten Liste der vom Aussterben bedrohten Arten und ist durch die Naturschutzgesetzgebung streng geschützt. Sie benötigt ausgedehnte Schilf- und Röhrichtbestände als Deckung und Nistplatz, dazu für die Nahrungssuche Gräben und Uferbereiche mit niedriger Vegetation, aber auch offene Wasserstellen.

Die Rohrdommel, die zur Familie der Reiher gehört, ist im Schilf kaum zu entdecken. Ihr in warmen Brauntönen gehaltenes, stark gescheckes Federkleid verleiht ihr eine erstklassige Tarnung, die durch die so genannte Pfahlstellung bei Gefahr noch unterstützt wird. Dabei streckt die Rohrdommel Kopf und Schnabel senkrecht nach oben und schwankt wie das Schilf im Wind, ihre Längsstreifen wirken dann wie einzelne Halme.

Bis heute durchströmen zahlreiche Quellen das Rambower Moor. In dem rund 900 Hektar großen Feuchtgebiet sind außer der Großen Rohrdommel noch viele andere seltene und gefährdete Arten beheimatet. Zu den nach der europäischen Fauna-Flora-Habitat-Richtlinie geschützten Arten gehören der Große Feuerfalter, die Große Moosjungfer, der Fischotter und der Kammmolch. Farbenfroh blühen im Frühjahr die Orchideen in den Feuchtwiesen. Neben den botanischen Raritäten sind bisher rund 100 Schnecken- und Muschelarten und 245 Schmetterlingsarten gezählt worden.

Nach der Wanderung empfiehlt sich ein Besuch im Land-gasthaus zum Aufwärmen. Hier kann man, wenn man Glück hat, den Unterhaltungen der Einheimischen lauschen und vielleicht eine der alten Geschichten über das Moor, über unheimliche Hexen und funkelnde Irrlichter aufschnappen.

Industriegeschichte in Wittenberge

Wittenberge, größte Stadt im Biosphärenreservat Flussland-schaft Elbe-Brandenburg, liegt direkt am Ufer der Elbe, umgeben von einer Auenlandschaft, die zu den schönsten in Deutschland zählt. Noch heute verweisen die Namen der „Kleinen" und „Großen Fährstelle" auf die mittelalterlichen Anfänge der Stadt. Der sagenhafte Fährmann Hildebrand soll hier Kaufleute und Rittersleute über den Fluss geleitet haben. Das Gesicht der Stadt prägte aber vor allem eine andere Geschichte. Anfang der

VIELFALT AM FLUSS
Stil!gewässer, Altarme, Flutrinnen, Bracks und Qualmwasser

1820er Jahre plant Salomon Herz, Sohn einer jüdischen Bankiers-
familie in Berlin, eine Ölmühle zu bauen. Alle Welt benötigt
Schmierstoffe und Leuchtmittel für Maschinen und Fabriken.
Ideal wären Felder gleich vor den Toren der Fabrik und ein effek-
tiver Transportweg. Noch gibt es keine Autos, nur Fuhrwerke und
Lastkähne. Also kommt die Fabrik an einen Fluss. Herz greift
nach der Landkarte, und 1823 baut er direkt ans Ufer der Elbe,
auf halbem Wege zwischen Hamburg und Berlin, die erste große
Ölmühle – in Wittenberge. Als Singer, der amerikanische Näh-
maschinenhersteller 1903 seine Werke in Wittenberge eröffnet,
hat die Herzsche Ölmühle schon Stadtgeschichte geschrieben.
Herz sorgte dafür, dass die Eisenbahnlinie zwischen Hamburg
und Berlin über Wittenberge führt, dass eine Brücke über den
Fluss gebaut wird. Ein Großbrand vernichtet die erste Ölmühle,
Herz baut eine neue. 1856 steht in Wittenberge die größte Ölmühle auf dem europäischen Kontinent. Während der DDR-Zeit
gehört die Ölmühle 40 Jahre lang zu den drei großen Indus-
triebetrieben der Stadt. Hier arbeiten etwa 6.500 Menschen. Im
März 1991 wird nach 168 Jahren Ölproduktion das Kraftwerk
der Wittenberger Ölmühle endgültig abgeschaltet.

Heute bemüht sich die Stadt Wittenberge mit privaten
Investoren um den Erhalt der wertvollen Industriearchitektur am
Elbufer. Auf dem Gelände der alten Ölmühle finden seit einigen
Jahren die Wittenberger Elblandfestspiele und andere Kultur-
veranstaltungen statt. Im Stadtmuseum ist eine empfehlenswer-
te Ausstellung zur Stadtgeschichte zu sehen.

Lenzen – der Schatz im Burghügel

Das kleine Städtchen Lenzen an der Löcknitz, einem Neben-
fluss der Elbe, blickt auf eine mehr als tausendjährige Geschichte
zurück. Im Sommer 2001 fanden Bauleute einen Schatz im
Burghügel: Münzen, Gerbrauchsgegenstände, Kriegsgerät und
bestens erhaltene Grundmauerbefestigungen aus Holz und
Weidengeflecht – wertvolle Reste einer slawischen Königsburg.
Die Funde stammen aus der Zeit vor 929, dem Jahr, in dem die
Sachsen von jenseits der Elbe die Slawen bei der Schlacht von
Lenzen besiegten. Ein sensationeller Fund, der der Burg Lenzen
die Bezeichnung „Wiege der brandenburgischen Geschichte" ein-

BURG LENZEN
Lohnendes Ausflugsziel mit Ausstellung und Besucherinformation

brachte. Derzeit wird die Burg zum Zentrum für Auenökologie, Umweltbildung und Besucherinformation umgebaut. Die Ausstellung „Mensch und Strom" verbindet auf anschauliche Weise Historisches und Naturkundliches.

Bei einem Besuch der Lenzener Filzwerkstatt kann man viel über dieses alte Handwerk erfahren. Nebenan befindet sich ein moderner Hofladen, in dem regionale, ländliche Produkte angeboten werden.

In Lenzen gibt es eine Station der Naturwacht des Biosphärenreservats Flusslandschaft Elbe-Brandenburg. Die Mitarbeiter bieten wie ihre Kollegen im Besucherzentrum Rühstädt zu jeder Jahreszeit interessante Touren durch die Elbtalaue an. Zwischen dem Lenzener Hafen und dem Ort Wustrow befindet sich das rund 400 Hektar große Areal, auf dem in den nächsten Jahren der Elbdeich ins „Landesinnere" zurückverlegt werden soll. Durch Deutschlands größtes Deichrückverlegungsprojekt erhält der

Fluss Überflutungsfläche zurück. Von dem Projekt werden Hochwasserschutz und die Ökologie der Flussaue gleichermaßen profitieren. Besonders eindrucksvoll ist ein Blick von oben auf das Deichrückverlegungsgebiet, der sich Besuchern vom ehemaligen Grenzturm bei Wustrow bietet. Der Grenzturm ist nur auf geführten Exkursionen der Naturwacht zugänglich. Für Gruppen führen die Mitarbeiter der Naturwacht Turmbesteigungen auch auf Voranmeldung durch.

Bad Wilsnack – pilgern und sich wohlfühlen

Seit der Wende vom 19. zum 20. Jahrhundert ist Wilsnack als Luftkurort und beliebtes Ausflugsziel bekannt. Nach der Entdeckung des heilkräftigen, eisenoxidhaltigen Moores wurde aus dem Luftkurort schnell auch ein Moorheilbad. Seit 1929 darf sich Wilsnack „Bad" nennen. Im Mittelalter war Wilsnack bis zur Mitte des 16. Jahrhunderts das berühmteste Wallfahrtsziel Nordeuropas. Mehr als 170 Jahre lang wanderten Hunderttausende Pilger auf mehreren Wallfahrtswegen nach Wilsnack, um das Wunder der „blutenden Hostien" zu bestaunen. Der Dom zu Havelberg und die Wilsnacker Wunderblutkirche sind aus dem florierenden Geschäft mit den Pilgern erbaut. 1552 sorgte der protestantische Pfarrer Ellefeld für das jähe Ende von Ablasshandel und obskuren Heilmethoden, er warf die angeblich wundertätigen Hostien kurzerhand ins Feuer. Wilsnack fiel in die Bedeutungslosigkeit eines Ackerbürgerstädtchens zurück.

Die riesige, dreischiffige Wunderblutkirche St. Nicolai mit ihren wertvollen Glasfenstern und dem Wunderblutschrein aus dem 15. Jahrhundert zeugt von der einstigen Bedeutung als Wallfahrtsort. Heute erlebt das Pilgern in Wilsnack eine Renaissance, allerdings eher unter dem Vorzeichen von Gesundheit und Wandern. Die Therme von Bad Wilsnack verfügt über mehrere Thermalbecken mit unterschiedlichen Solekonzentrationen. Ein Verein hat eine Pilgerroute von Berlin nach Wilsnack entwickelt. Alljährlich im August gibt es ein Pilgerfest unter der großen Wallfahrtskirche. Weitere kulturelle Veranstaltungen werden im Rahmen des in der ganzen Region veranstalteten „Prignitz-Sommers" mit Theater, Konzerten, Führungen und Vorträgen angeboten.

Besucherzentrum
Biosphärenreservat Flusslandschaft Elbe-Brandenburg
Neuhausstraße 9   19322 Rühstädt
Fon 038791 980 22
br-flusslandschaft-elbe@lua.brandenburg.de
www.grossschutzgebiete.brandenburg.de

Anfahrt
Regionalexpress RE 4 nach Wittenberge.
www.bahn.de
www.vbbonline.de

Autobahn A 24, Abfahrt Pritzwalk, über Pritzwalk und
Wittenberge oder Bad Wilsnack nach Rühstädt.

Auenökologisches Zentrum Burg Lenzen
Ausstellung „Mensch und Strom"
Burgstr. 3   19309 Lenzen
Fon 038792 507 81 00
info@burg-lenzen.de   www.burg-lenzen.de

ELBFÄHREN BEI LENZEN, LÜTKENWISCH UND HAVELBERG
Verbindungen über (Bundes-)Ländergrenzen hinweg

RASTPLATZ ELBAUE
Hunderttausende Zugvögel „tanken" Kraft für den Weiterflug

Tourismusinformation
Tourismusverband Prignitz e.V.
Wittenberger Straße 90   19348 Perleberg
Fon 03876 61 69 73
www.dieprignitz.de

Reiseführer
Neuschulz, F.; Plinz, W., Wilkens, H., Elbtalaue – Landschaft am
großen Strom, Naturerbe Verlag Jürgen Resch, 2. überarb.
Auflage 2002, ISBN 3-9801641-8-7

Falkenhausen, Elisabeth v., Die Prignitz entdecken. Natur und
Kultur einer Region, Hendrik Baesler Verlag, ISBN 3-930388-27-8

Beate Schubert u.a. (Hrsg.), Brandenburg. Der Norden Band 3:
Die Prignitz, ProLineConcept-Verlag, Templin 2000,
ISBN: 3-931021-39-4

Karte
Landesvermessung und Geobasisinformation Brandenburg (Hrsg.),
Topografische Freizeitkarte 1:50.000 Biosphärenreservat Fluss-
landschaft Elbe-Brandenburg, Potsdam 2004, ISBN 3-7490-4154-7

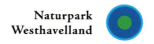
2   EINFLUGSCHNEISE FÜR SELTENE VÖGEL

Das Westhavelland ist berühmt für seine Flieger. Otto Lilienthal, der bekannte deutsche Flugpionier, stellte in den Hügeln vor den Toren Berlins seine ersten Flugversuche an, bis er sich an einem Sommertag im Jahr 1896 dabei den Hals brach. Die anderen Flieger treten Jahr für Jahr zu Zehntausenden auf. Sie suchen das größte zusammenhängende Feuchtgebiet im westlichen Mitteleuropa auf. Die kilometerbreiten Urstromtäler mit großen Sumpfgebieten und Mooren bewirken, dass fast die Hälfte der Naturparkfläche als „nass" eingestuft werden muss. Solche feuchten Standorte sind wahre Vogelparadiese und ideale Rastplätze für Zugvögel. Die im Frühling und Sommer bunt blühenden Wiesen der Niederungslandschaft gehören zu den artenreichsten Lebensräumen Mitteleuropas.

Wenn dann im Herbst die Nächte kühler werden, kann man die Zugvögel wieder mit ihrem eindrucksvollen Formationsflug am Himmel beobachten. In klaren Nächten sind ihre Rufe auch bei Dunkelheit zu hören. Das Ziel, dem die Wildgänse in ihren charakteristischen, Energie sparenden Flugkeilen zustreben, sind die ausgedehnten Niederungsflächen an der Unteren Havel. In unzähligen Scharen und Trupps kommen sie aus ihren arktischen Brutgebieten, um hier zu überwintern oder für ihren Weiterflug nach Westen Kraft zu tanken.

Der Naturpark Westhavelland, mit 1.315 Quadratkilometern der größte im Land Brandenburg, liegt rund 70 Kilometer westlich von Berlin an der Grenze zu Sachsen-Anhalt. Im Zentrum des Naturparks befindet sich die Stadt Rathenow, Kreisstadt des Landkreises Havelland. Am nördlichen Rand liegt Neustadt/Dosse, eine Kleinstadt im Landkreis Ostprignitz-Ruppin, die als „Stadt der Pferde" über die Grenzen Brandenburgs hinaus bekannt ist. Südlich grenzt die Stadt Brandenburg an den Naturpark. Sie gilt geschichtlich als die Wiege der Mark Brandenburg. Alle drei

Städte sind direkt mit dem Regionalexpress von Berlin aus zu erreichen und eigenen sich sehr gut als Ausgangspunkt für Ausflüge in den Naturpark.

Gülper See: Paradies für Einheimische, Durchzügler und Exoten

Eines der bedeutendsten Durchzugs-, Rast- und Überwinterungsgebiete für Wasser- und Watvögel im mitteleuropäischen Binnenland ist der Gülper See. Die Seefläche mit ihren Verlandungsbereichen und die Flussniederung der Unteren Havel mit ihrem ausgedehnten Überschwemmungsgrünland bieten für die Vögel ideale Bedingungen.

Besonders spektakulär ist der Durchzug der Gänse und Kraniche im Herbst und im Frühjahr. Dieses Ereignis macht einen Besuch des mit Beobachtungstürmen ausgestatteten Vogelparadieses besonders lohnenswert.

In den Monaten September und Oktober können Beobachter hier über hunderttausend Saat- und Blessgänse und Tausende von Kranichen, aber auch zahlreiche Sing- und Zwergschwäne beobachten. Zu sehen sind auch Wintergäste wie Zwerg- und Gänsesäger und der auch im Winter ortstreue Seeadler.

BIWAKPLÄTZE BEI MILOW, MÖGELIN, GRÜTZ AND GÜLPE
Wasserwanderer dürfen hier eine Nacht lang campen

DER SEEADLER
Brandenburgs größter Adler hält sein Revier ganzjährig besetzt

Zwischen den Saat- und Blessgänsen werden immer wieder für diese Region „exotische" Arten ausgemacht, wie die Rothals- und Nonnengänse. Während die Rothalsgans nur in wenigen Exemplaren vertreten ist, sind die Nonnengänse mit den dunklen Rücken und den auffälligen weißen Wangen durchaus in größeren Trupps zu sehen. Sie haben in den letzten Jahren verstärkt ihre Winterquartiere von den Küsten ins Binnenland verlegt. Die häufig schneefreien Winter der Region sorgen für ein gutes Nahrungsangebot.

In der kalten Jahreszeit erstrecken sich da, wo in den niederschlagsreichen Herbst- und Winterwochen der Boden vom hoch anstehenden Grundwasser überstaut wurde, große Eisflächen. Wenn dann in der wärmenden Märzsonne die ersten Blüten in Feld und Flur sprießen, bietet sich dem interessierten Beobachter wiederum ein faszinierendes Schauspiel. Die Gräben schaffen es während des ersten Tauwetters kaum, das Wasser abzuführen. Die Schneeschmelze in den Gebirgen lässt die Pegel in den Flüssen ansteigen. Vom Hochwasser der Havel und der Elbe überspült, gleicht die Niederung dann einem Meer. Diese auch noch weit ins Frühjahr hinein vernässten Flächen sind für die Regeneration von Niedermoorstandorten und ihrer reichhaltigen Tier- und Pflanzenwelt von besonderer Bedeutung. Mehrere Zehntausende Wasservögel, die je nach Dauer der Überschwemmungen bis in den Mai bleiben, rasten erneut auf diesen Wasserflächen. Wieder sind vor allem Blessgänse, Gründel- und Tauchenten, Kraniche, Sing- und Zwergschwäne im Gebiet zu beobachten. Große Schwärme Watvögel stochern in den weichen Böden nach Nahrung, ehe sie in ihre nördliche und östliche Heimat weiterziehen. Ein Teil findet hier aber auch noch letzte Brutgebiete, und so beherbergen die Niederungen des Westhavellandes den bedeutendsten Anteil der stark gefährdeten und vom Aussterben bedrohten Wiesenbrüter Brandenburgs. Großer Brachvogel, Kiebitz, Uferschnepfe, Rotschenkel, Kampfläufer, Bekassine und Wachtelkönig brüten hier. Weitere typische Arten sind Goldregenpfeifer, Bruchwasserläufer, Dunkler Wasserläufer und Grünschenkel. Hinzu kommen noch ebenso bedrohte Entenarten wie Löffelente, Knäkente, Schnatterente und sogar Spießente. Und natürlich sind auch Störche bei der Nahrungssuche zu beobachten.

Besucher können diese faszinierende Vogelwelt von zahlreichen Beobachtungstürmen aus unmittelbar miterleben. Darüber hinaus ist der Naturpark mit seiner Lebensader, der Havel, und seinem Gewässerreichtum auch ein ideales Revier für umweltfreundlichen Wassertourismus.

Lebensader Havel

Vor allem ist es natürlich die Havel, die die Landschaft des Naturparks Westhavelland maßgeblich prägt. Mit 343 Kilometern Gesamtlänge ist sie der längste Fluss Brandenburgs und der einzige größere Deutschlands, der überwiegend von Norden nach Süden fließt. Erst aus dem Plauer See schlängelt sie sich endgültig in Richtung Norden und mündet bei Havelberg in die Elbe. Das Quellgebiet der Havel liegt im mecklenburgischen Middelsee.

Zahlreiche Fließgewässer, Altarme der Havel sowie ausgedehnte Feuchtwiesen, unterbrochen von kargen Sandrücken, Buschgruppen und Ufergehölzen machen diese Niederungs-

ZEIT FÜR REFLEKTIONEN
Stille und Abgeschiedenheit an der Unteren Havel

STARTENDER SCHWAN
Lautes Klatschen der Füße und Schwirren der Flügel

landschaft an der Grenze zu Sachsen-Anhalt unverwechselbar. Hinzu kommt die natürliche Dynamik der Flussaue. Langanhaltende Überschwemmungen und anschließendes Wieder-Trockenfallen, das sind Lebensbedingungen, auf die Tausende von Tier- und Pflanzenarten angewiesen sind, die aber im Zeitalter der regulierten Flüsse immer seltener werden. Doch trotz aller Regulierungen und Ausbaumaßnahmen durch den Menschen ist die Untere Havel ein vergleichsweise naturnaher Fluss geblieben, die Untere Havelniederung ein Lebensraum von internationaler Bedeutung.

Das Verhältnis der Havelländer zu ihrem Fluss war über viele Jahrhunderte ein zwiespältiges. Die gefürchteten Havelüberschwemmungen führten häufig zu Hungersnöten, so in den „Wasserjahren" 1845 oder 1854. Der Fluss bescherte den Menschen aber auch Arbeit als Fischer, in der Schifffahrt oder Ziegelindustrie. Das nahe gelegene Berlin benötigte Baustoffe vor allem während des Baubooms im ausgehenden 19. und Anfang des 20. Jahrhunderts in riesigen Mengen. 16 Millionen Ziegelsteine wurden allein im 1880 eröffneten Anhalter Bahnhof in Berlin verbaut. Haupttransportmittel waren die rund 20 Meter langen Kaffenkähne, die nach ihren vorne und hinten hochgezogenen spitzen Enden, den Kaffen, benannt sind. Ein 1987 bei Spandau aus der Havel geborgener Kahn hatte noch seine 30.000 Ziegel umfassende Ladung an Bord.

Die ersten Regulierungen der Havel im 18. Jahrhundert hatten zum Ziel, die Dörfer vor den jährlichen Überflutungen zu schützen. Das zu großen Teilen sumpfige Land wurde durch Deiche, Schöpfwerke, Wehre, Gräben und die Verlegung der Havelmündung zunehmend entwässert. Unter Friedrich dem Großen wurden Rhinluch- und Dossebruch urbar gemacht. Die umfangreichsten Baumaßnahmen wurden ab 1904, nach dem Erlass eines Ausbaugesetzes begonnen, und erst 1954 mit dem Bau des Gnevsdorfer Vorfluters beendet. In den 1980er Jahren kam schließlich auch noch die Kanalisierung für die zunehmende Transitschifffahrt hinzu.

MIT DER „SONNENSCHEIN" IM SONNENSCHEIN
Schiffsfahrt durch ein Feuchtgebiet von internationaler Bedeutung

Projekt für einen lebendigen Fluss

Vor dem Ausbau charakterisierten enge Flusskrümmungen den mäandrierenden Lauf der Unteren Havel. Sie verzweigte sich oft in mehrere Arme und das klare Wasser strömte auch im Sommer recht zügig. Reiche Strukturen prägten das Flussbett und seine Ufer: Inseln, Sandbänke, Verlandungszonen, Abbruchufer und Uferwald. Der Fluss war lebendig. Das Überflutungsgebiet der Unteren Havel hatte damals zehnmal soviel Fläche und das Hochwasser kehrte erst sehr spät im Frühjahr in das Flussbett zurück.

Heute regeln Staustufen den Abfluss der Havel. Neben der Landgewinnung profitierte von der Begradigung, Verbreiterung und Vertiefung des Flusses und den Uferbefestigungen vor allem die Schifffahrt.

Das Feuchtgebiet der Unteren Havelniederung hat durch alle diese Maßnahmen ökologische Schäden erlitten. Die Probleme haben sich in den letzten 15 Jahren durch ein abnehmendes Wasserangebot noch verschärft. Mit dem Ökosystem sind auch die Arten, die an die Überflutungszyklen gebunden sind, ernsthaft gefährdet. Dass über 1.000 der hier beheimateten Tier- und Pflanzenarten als vom Aussterben bedroht oder stark gefährdet eingestuft werden, ist zwar ein Indiz für den außerordentlichen Artenreichtum, vor allem aber für den hohen Gefährdungsgrad des Lebensraumes.

Seit 2005 wird jetzt innerhalb eines Naturschutzgroßprojekts des Bundes intensiv daran gearbeitet, die Untere Havel wieder zu einem intakten Fluss mit sauberem Wasser und besserem Wasserrückhalt zu machen. Im Rahmen dieses größten europäischen Flussrenaturierungsprojektes werden der Havel wieder mehr natürliche Strukturen zugestanden: Inseln und Sandbänke, Verlandungszonen, Abbruchufer und Uferwald. Uferbefestigungen werden zurückgebaut, Altarme wieder angeschlossen. Der Fluss soll sich verzweigen und möglichst lange im Jahr frei und mit höheren Fließgeschwindigkeiten fließen dürfen. Im Winterhalbjahr soll die Aue wieder regelmäßig überflutet werden, das Wasser dann bis Mitte Mai auf den Wiesen stehen. Davon wird nicht nur die Wasserqualität, sondern das gesamte Ökosystem profitieren.

RÜCKZUGSGEBIET MOORWALD
Hier brütet bevorzugt der Kranich

Als sichtbare Zeichen des Erfolges werden sich dann eines Tages wieder Barben und vielleicht Lachse im klaren Havelwasser tummeln. Der Fluss wird auch im Sommer schnell durch ein strukturreiches Bett fließen. Überall werden die Rufe des Brachvogels und der Rohrdommel zu vernehmen sein. Döbel werden nach Käfern, die von großen Uferweiden ins Wasser fallen, schnappen. An langen Sandstränden zwischen blumenbunten Havelwiesen wird man wieder überall ein erfrischendes Bad nehmen können und im Winter auf mancher der zugefrorenen überschwemmten Wiesen Schlittschuh laufen.

Enge Nachbarschaft bei gegensätzlichen Ansprüchen

Das Nebeneinander trockener, warmer und feuchter, kühler Standorte und die besonderen dynamischen Bedingungen der Flussaue begründen bis in die Gegenwart das gemeinsame Auftreten von Arten mit zum Teil gegensätzlichen Ansprüchen. Hier teilen sich noch die Großtrappe und die blauflügelige Sandschrecke den Lebensraum mit dem Tüpfelsumpfhuhn und dem Moorfrosch.

ROTBAUCHUNKE
Kleiner Froschlurch, große Stimme

Die wasserreiche Landschaft des Westhavellandes ist zudem ein idealer Lebensraum für Amphibien und Reptilien. Die flach überfluteten Wiesen sind im Frühjahr hervorragende Laichgebiete für Kamm-Molch, Knoblauchkröte, Kreuzkröte und Moorfrosch, um nur einige der insgesamt zwölf vorkommenden Amphibienarten zu nennen. Die Feuchtwiesen mit den eingelagerten Dünen beherbergen daneben Ringelnattern und Waldeidechsen, während die Zauneidechse die trockenen und durchsonnten Wälder der Grundmoränen bevorzugt.

An den Fließgewässern des Naturparks sind nicht nur Fischotter, Elbebiber und Wasserspitzmaus zu Hause, auch Eisvogel und Flussuferläufer können beobachtet werden. Bedrohte Fische wie Steinbeißer, Schlammpeitzger und Bitterling kommen ebenso vor. Der Fischreichtum kommt auch den Fisch- und Seeadlern zugute, die im Umfeld der Gewässer brüten.

Die sensiblen Bereiche des Naturparks haben heute zum überwiegenden Teil einen europäischen Schutzstatus und sind nach nationalem Recht als Naturschutzgebiete gesichert. Das gewährleistet eine angepasste Nutzungsweise, die der Artenvielfalt nutzt, und wofür die Landwirte über europäische Programme finanziellen Ausgleich erhalten.

Große Show empfindlicher Machos

Von einem Beobachtungsturm aus im Frühling die Balz der Großtrappen zu verfolgen, ist ein einzigartiges Erlebnis. Im Havelländischen Luch bei Buckow hat die Großtrappe, mit bis zu 17 Kilogramm der größte flugfähige Vogel Europas, einen ihrer letzten Lebensräume in Deutschland.

Alle Anzeichen stehen auf Paarung, wenn im März und April die prächtigen Hähne auf den Wiesen des Luches balzen und sich in leuchtend weiße Federwolken verwandeln. Sie sind auf Brautschau und wollen gesehen werden. Die Weibchen sind in der Nähe und mustern die aussichtsreichen Kandidaten. Der Paarungsakt findet jedoch zumeist im Schutz der Dämmerung unter Ausschluss der Öffentlichkeit statt.

NATURERLEBNIS TRAPPEN-BALZ
Das Männchen dreht sich als „weiße Blüte" ruckartig im Kreis

In den 1990er Jahren hatte die Population der Großtrappe, die in Deutschland beinahe ausschließlich bei Buckow und Baitz beheimatet ist, mit nur noch 55 Vögeln ihren Tiefpunkt erreicht. Besonders die Intensivierung der Landwirtschaft und der damit verbundene Rückgang der Artenvielfalt machte den Tieren zu schaffen. Frühzeitige und häufige Nutzung der Wiesen ermöglichten kaum noch erfolgreiche Bruten. Und schlüpften doch einmal Küken, so fanden sie im dichten und hohen Intensivgrasland nicht genug Nahrung und verhungerten.

Die seit 25 Jahren andauernden Bemühungen zum Schutz der Großtrappe in Buckow und Baitz zeigen heute Erfolge. Besonders wichtig für das Wiederanwachsen des Bestandes auf etwa 100 Vögel ist die Zusammenarbeit mit den Landwirten in den Einstandsgebieten, die ihre Bewirtschaftung auf die Bedürfnisse der Großtrappe angepasst haben und dafür im Gegenzug Ausgleichsmittel für die Ertragsausfälle erhalten. Aber auch Maßnahmen, wie der Schutzwall entlang der vorbeiführenden Intercity-Strecke Berlin-Hannover und Maßnahmen, die die Küken vor dem Fuchs schützen, tragen mittlerweile Früchte.

Abfluss des Eises, Einfluss Frau Harkes

Wie alle Landschaften Brandenburgs hat das Westhavelland eine eiszeitliche Vergangenheit. Vier große Urstromtäler, das Elbe-, Baruther-, Berliner- und Eberswalder-Urstromtal treffen hier zusammen. Ihre ungeheuren Schmelzwasserströme räumten die Endmoränenzüge und Grundmoränenplatten großflächig aus. Es entstand ein Wechsel von ausgedehnten Niederungen und kleinen glazialen Platten, den so genannten Ländchen. Die größten Erhebungen sind das Ländchen Rhinow, das Ländchen Friesack und der Nusswinkel bei Nennhausen. Die recht steilen Hügel der Rhinower Berge oder des Hohen Rottes bei Nennhausen entstanden durch erneut vorrückendes Eis, das die vorhandenen Erhöhungen nochmals aufschob. Der Legende nach war es die Riesin Frau Harke, die für die Entstehung der Rhinower Berge verantwortlich war. Als die christlichen Kirchen im Havelland aufkamen, wurde es ihr, der Schutzpatronin des Havellandes, ungemütlich. Sie lehnte sich gegen die Kirche auf, weil sie ihre Herrschaft eingeengt glaubte. Am meisten ärgerte sie sich über den

Havelberger Dom, der ihrem Wirkungsgebiet empfindlich nahe kam. Mit beiden Händen klaubte sie märkischen Sand zusammen und füllte damit ihre Schürze. Dieses Erdreich wollte sie mit aller Wucht gegen Havelberg schleudern. Während des Anlaufs riss ihr aber das Schürzenband, der Inhalt fiel bei Rhinow zu Boden. Daraus sind die Rhinower Berge entstanden.

Nach dem Rückzug des Eises entstanden in den Abwasserrinnen und Seen Feuchtgebiete und Moore. Das heutige Gewässersystem mit den Hauptflüssen Elbe und Havel und den wichtigsten Nebenflüssen Jäglitz, Dosse und Rhin bildete sich heraus. Die Seen des Naturparks sind hauptsächlich eiszeitlich geprägte Rinnenseen, wie der Hohennauener See und der Beetzsee. Der Gülper See entstand wahrscheinlich aus einer riesigen Toteisscholle, die, eingelagert in den Untergrund der Niederung, erst später abtaute. Der Pritzerber See war zunächst ein Teil des früheren Elblaufes. Erst als sich die Elbe ein neues Bett suchte, füllte sich der erhalten gebliebene Mäander mit Wasser: Es entstand der heutige Pritzerber See.

Charakteristisch für das Westhavelland sind auch die zu meterhohen Dünen aufgewehten Talsande, die heute hauptsächlich mit Kiefern bewachsen sind. Man findet sie als kleine Inseln in der Niederung oder als größere zusammenhängende Areale, wie südlich vom Marzahne oder östlich von Dreetz.

Kühle Schönheit Havelaue
Der Februar bringt oft strenge Fröste

Sehenswerte Kultur und Brillen aus Rathenow

Es mag sein, dass sich die Schönheit der Flusstal- und Niederungslandschaft im Naturpark Westhavelland dem Besucher erst auf den zweiten Blick erschließt. „Wer in die Mark reisen will, der muss zunächst Liebe für Land und Leute mitbringen. Er muss den guten Willen haben, das Gute zu finden, anstatt es durch krittliche Vergleiche tot zu machen. Der Reisende in der Mark muss sich ferner mit einer feineren Art von Natur- und Landschaftssinn ausgerüstet fühlen. Es gibt gröbliche Augen, die gleich einen Gletscher oder Meeressturm verlangen, um befriedigt zu sein. Diese mögen zu Hause bleiben." So kommentierte Theodor Fontane seinerzeit in seinen Wanderungen durch die Mark Brandenburg die touristischen Attraktionen des Landes. Fontane selbst bezog aus dem Westhavelland einige Anregungen, die er unter anderem in seinem berühmten Roman „Effi Briest" verarbeitete.

Das Westhavelland ist reich an historischen Häusern, Kirchen und technischen Denkmälern. Sehenswert sind das 1768 errich-

NADELWEHR
Die Holzplanken – „Nadeln" – regulieren den Durchfluss

tete Schloss in Görne, die dreischiffige Hallenkirche in Milow, die Bockwindmühlen in Bamme, Ketzür und Prietzen sowie zwei der letzten funktionstüchtigen Nadelwehre Deutschlands in Grütz und Garz, die um das Jahr 1910 errichtet wurden. Auch ein Besuch in der brandenburgischen Pferdezucht-Hochburg Neustadt an der Dosse ist, besonders zur Zeit der „Hengstparade" im September, zu empfehlen. In der frühgotischen Kirche von Kampehl ist der mumifizierte Ritter Kahlbutz zu „besichtigen".

Den Ruf seiner Heimatstadt Rathenow als „Optikstadt" begründete 1801 der Pfarrer Johann Heinrich August Duncker mit der Gründung der Optischen Industrie-Anstalt. Duncker erfand die Vielschleifmaschine, die die Herstellung der benötigten Linsen erheblich vereinfachte und ihren Erwerb auch weniger wohlhabenden Bevölkerungsschichten ermöglichte. Mehr über die Geschichte der Optik erfahren Besucher im Optik- und Industriemuseum der Stadt Rathenow.

Viele Wege führen zum Rhin

Havelland-Radweg, Altmark-Rundkurs und Elberadweg ermöglichen familienfreundliches Radfahren in ruhiger Umgebung. Aussichtspunkte am Weg bieten tiefe Einblicke in die reizvolle Landschaft. Besonders die weiten Wiesen, Wälder und märkischen Dörfer im westlichen Havelland laden zu ausgiebigen Wanderungen und Spaziergängen ein. Und die zahlreichen Reiterhöfe im Naturpark bieten beste Voraussetzungen, die Natur vom Pferderücken aus zu entdecken. Vielleicht die schönste Art, sich in diesem Naturpark fortzubewegen, ist das Reisen im Kanu. Die Havel ist ein Dorado für Wasserwanderer, sowohl für den Wochenendpaddler, als auch für Individualisten, die ihre Boote selbst mitbringen. Boote können aber in Rathenow und Strodehne auch ausgeliehen werden.

Besonders Wissbegierigen bieten Naturwacht und Besucherzentrum des Naturparks Führungen an, die jedes Jahr im Veranstaltungskalender des Naturparks veröffentlicht werden. Nach telefonischer Voranmeldung ist auch die Besichtigung der staatlichen Vogelschutzwarte in Buckow möglich. Auch hier werden Führungen und Fachvorträge angeboten.

ELEGANTER FLIEGER
Kraniche erreichen Durchschnittsgeschwindigkeiten von 45 bis 65 km / Stunde

Besucherinformation
Besucherzentrum im Naturpark Westhavelland
Stremmestraße 10   14715 Milower Land, OT Milow
Fon 03386 21 12 27
bzmilow-nabu@rathenow.de
www.grossschutzgebiete.brandenburg.de

Anfahrt
Regionalexpress RE 1, Bhf. Brandenburg a.d. Havel
Regionalexpress RE 2, Bhf. Nennhausen, Bhf. Rathenow
RB 51 zwischen Bhf. Brandenburg und Bhf. Rathenow mit Halt
in Premnitz
www.bahn.de   www.vbbonline.de

B 5, Abzweig B 188 über Rathenow, Premnitz nach Milow. B 102
über Brandenburg a.d. Havel und Premnitz nach Milow.

Staatliche Vogelschutzwarte Brandenburg
Dorfstraße 34   14715 Buckow bei Nennhausen
Fon 033878 90 99 11
torsten.langgemach@lua.brandenburg.de

Tourismusinformation
Fremdenverkehrsverein Westhavelland e.V.
Freier Hof 5, 14712 Rathenow
Fon 03385 51 49 91/92
fvv_westhavelland@rathenow.de

Reiseführer
Bettina Klaehne, Carsten Rasmus, Wander- und Naturführer
Naturpark Westhavelland. Wanderungen, Radtouren und
Spaziergänge, KlaRas-Verlag Berlin 2000, ISBN 3-933135-07-9

Beate Schubert u.a. (Hrsg.), Brandenburg. Der Westen Band 2:
Das Havelland, ProLineConcept-Verlag, Templin 2002,
ISBN 3-931021-44-0

Karten
Landesvermessung und Geobasisinformation Brandenburg
(Hrsg.), Topografische Freizeitkarte 1:50.000 Naturpark
Westhavelland Nord, Potsdam 2005, ISBN 3-7490-4079-6,

Landesvermessung und Geobasisinformation Brandenburg
(Hrsg.), Topografische Freizeitkarte 1:50.000 Naturpark
Westhavelland Süd, Potsdam 2005, ISBN 3-7490-4080-X

BRUTPLATZ WURZELTELLER
Umgestürzte Bäume an Gewässern sind ideal für den Eisvogel

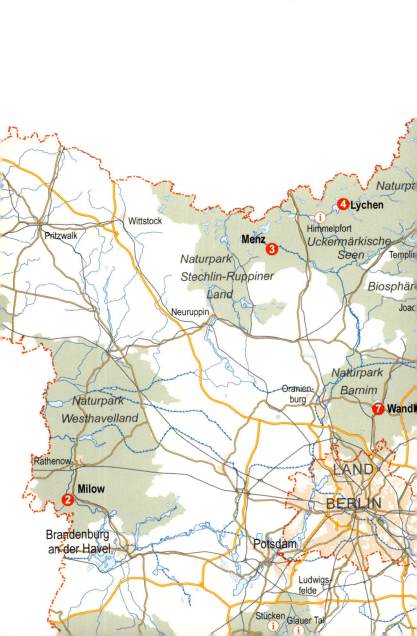

3   ZWISCHEN BUCHEN KLARE SEEN SUCHEN

Der Naturpark Stechlin-Ruppiner Land ist gesegnet mit
natürlicher Schönheit und landschaftlichen wie literarischen
Superlativen. Der Stechlinsee hat Wasser mit Trinkwasserqualität,
er ist einer der klarsten Seen Deutschlands. Gleich zwei literarische
Meisterwerke spielen „im Naturpark": Fontanes Spätroman „Der
Stechlin" und Kurt Tucholskys Liebesgeschichte „Rheinsberg –
Ein Bilderbuch für Verliebte". Aber zum Beispiel auch Erwin Stritt-
matter, der sich Mitte der 1950er Jahre auf den Schulzenhof bei
Dollgow zurückgezogen hatte, verarbeitete die dörfliche Idylle,
seine Nachbarschaft und auch die Schwärme von Staren, die im
Spätsommer seinen Kirschbaum plünderten, in seinen Geschichten.

Hier im Norden Brandenburgs sind Natur, Landschaft und
Kultur eine geradezu ideale Verbindung eingegangen, mit einer
langen Tradition. 1744 bekam Prinz Heinrich von Preußen die
Herrschaft Rheinsberg von seinem älteren Bruder Friedrich II.
(dem Großen) geschenkt. Prinz Heinrich spielte in Preußen eine
wichtige militärische Rolle, politischen Einfluss aber versagte
ihm sein Bruder. In Rheinsberg schafft Prinz Heinrich sich ein
Domizil, schart Literaten, Künstler und Architekten um sich, entwickelt das ehemalige verschlafene märkische Städtchen, erweitert Schloss und Park und lässt schon zu Lebzeiten seine Grab-
stätte im Park in Form einer abgebrochenen Pyramide anlegen.
Der Schlosspark selbst mit hohen alten Bäumen, mit herrlichem
Blick auf den Grienericksee und das Schloss und seinem fließenden Übergang in die umgebenden Wälder bietet seinen Besuchern
heute zu jeder Jahreszeit ein großartiges Panorama.

Im Schlossensemble ist das Tucholsky-Literaturmuseum
untergebracht. Eine Besichtigung des restaurierten Schlosses ist
lohnenswert. Mit den jährlich stattfindenden Rheinsberger Musik-
tagen, der Kammeroper Schloss Rheinsberg und der Musikakade-
mie Rheinsberg hat sich der Ort zu einem der bedeutendsten
kulturellen Zentren des Landes Brandenburg entwickelt.

DER STECHLIN

Brandenburgs klarster See und Theodor Fontanes letzter Roman

Auf einem Stadtbummel Charme und Geschichte der historischen Städte in und um den Naturpark zu entdecken, ist ebenfalls ein empfehlenswertes Erlebnis. In den historischen Stadtkernen der Prinzenstadt Rheinsberg, der Bischofsstadt Wittstock/Dosse, der Fontanestadt Neuruppin oder der Königin Luise-Stadt Gransee gibt es verwinkelte Straßen und Gassen mit historischem Pflaster, schlichte oder prunkvolle Häuser, Straßen und Höfe mit einzigartiger Atmosphäre zu entdecken. Der Besuch von Gutshäusern und Schlössern, Rathäusern und Kirchen, sympathischen Geschäften und guten Restaurants lässt einen Tag schnell vergehen.

SCHLOSS RHEINSBERG
Vorbild für Sanssouci in Potsdam

Das Drei-Seen-Städtchen Lindow/Mark mit der alten Klosterruine und der wunderschönen Barockkirche liegt malerisch zwischen Gudelack-, Wutz- und Vielitzsee. Die Kirche ist ein einfacher barocker Putzbau, sie gehört in ihrer Schlichtheit zu den schönsten Kirchen der Mark Brandenburg und ist mit einer Sauerorgel ausgestattet. Der historische Stadtkern im frühklassizistischen Stil ist weitgehend erhalten geblieben. Um das ehemalige Kloster rankt sich eine romantische Sage: Verliebt in einen Jungen von niederem Stande, wurde ein bildschönes Mädchen von ihren Eltern ins Lindower Kloster geschickt. Der Jüngling schabte und kratzte so lange an der Klostermauer, bis er die Angebetete befreien und mit ihr fliehen konnte. Niemand kann sagen, wo sie geblieben sind. An der Stelle der Klostermauer aber ist es noch heute vielen nicht geheuer: um Mitternacht hört man es dort oft schaben und kratzen ...

Neben der Klosterruine und der Lindower Stadtkirche sind vor allem die umliegenden Seen und Wälder lohnende Ausflugsziele.

Glasklar – der Stechlin

Der Name sagt schon alles: Stechlin kommt aus dem Slawischen von „steklo" – Glas. Der glasklare, 425 Hektar große und 69 Meter tiefe Stechlinsee zeichnet sich durch besondere Nährstoffarmut, große Sichttiefe und herausragende Reinheit aus. Er ist sogar der einzige verbliebene, natürlich nährstoffarme (oligotrophe) See Brandenburgs und einer der letzten Norddeutschlands.

Dieser von Wäldern umgebene See, der keinen oberirdischen Zufluss besitzt, hat sich über Jahrhunderte seine hervorragende Wasserqualität bewahrt. Dank geringer Beeinflussung durch den Menschen ist sein Nährstoffgehalt immer noch ähnlich niedrig wie zur Zeit seiner Entstehung vor etwa 15.000 Jahren. Solche Klarwasserseen gehören heute zu den absoluten Raritäten. Verlandungsprozesse laufen in Klarwasserseen viel langsamer ab, als in nährstoffreicheren Seen, damit haben sie eine besonders lange „Lebenserwartung": Die Klarheit des Wassers ermöglicht es Armleuchteralgen, auch in achtzehn Metern Tiefe noch auf dem Seegrund zu wachsen, da genug Licht bis dorthin dringt. Allein im Stechlinsee wurden neun Arten von Armleuchteralgen festgestellt.

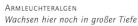
ARMLEUCHTERALGEN
Wachsen hier noch in großer Tiefe

TEICHROSEN
Blick aus der Froschperspektive

Abgesehen von punktuellen Beeinträchtigungen der Wasserqualität in Badebuchten oder örtlich begrenzten Zerstörungen der Ufervegetation kann das Baden großen Klarwasserseen nicht viel anhaben. Kleinere Klarwasserseen sind hingegen wegen des geringeren Puffervermögens sehr empfindlich. Badeverbote sollten an diesen oft in Naturschutzgebieten liegenden Seen unbedingt respektiert werden. Am Großen Stechlinsee ist das Baden an den dafür freigegebenen Stellen erlaubt. Durch den zuweilen hallenartigen Rotbuchenwald, der den See umgibt, führt ein 17 Kilometer langer Wanderweg. Er ist auch mit dem Fahrrad gut zu bewältigen, solange man geschickt den zahlreichen Baumwurzeln auszuweichen vermag. Jeder Besucher Neuglobsows sollte sich vier Stunden Zeit für diesen einzigartigen Wanderweg nehmen.

Fontane-Maräne und „Roter Hahn"
Interessant ist auch die Fauna unter Wasser: In den klaren Fluten des Stechlins leben Maränen, Barsche, Plötzen und Rot-

federn, Bleie und Hechte. Für den Fischer hat die Kleine Maräne die größte Bedeutung. Nicht verwunderlich, dass der Fischfang eine jahrhundertealte Tradition hat. Viele Restaurants bieten Besuchern fangfrischen und schmackhaft zubereiteten Fisch an. Der See besitzt sogar eine endemische, also nur am Fundort vorkommende Fischart: die Fontane-Maräne. Sie ist die einzige endemische Wirbeltierart Brandenburgs und lässt sich deutlich von einer Tiefenform der Kleinen Maräne im Breiten Luzin in Mecklenburg-Vorpommern und der Kleinen Maräne als Nominalform unterscheiden.

In den Tiefen des Stechlinsees soll sich der „Rote Hahn" verborgen halten, Wächter und Geist des Sees und seiner Bewohner. Schon Fontane erwähnte ihn in seinen „Wanderungen durch die Mark Brandenburg": „Ist aber ein Waghals im Boot, der ertrotzen will, so gibt's ein Unglück, und der Hahn steigt herauf, rot und zornig, der Hahn, der unten auf dem Grund des Stechlin sitzt, und schlägt den See mit den Flügeln, bis er schäumt und wogt und greift das Boot an und kreischt und kräht, dass es die ganze Menzer Forst durchhallt von Dagow bis Roofen und bis Altglobsow hin".

BARSCHSCHWARM IM STECHLINSEE
Ein Glücksfall für Taucher

Bekannt ist die Legende vom Fischer Minack, der, als er an besonders tiefer und berüchtigter Stelle im Stechlin seinen Hauptfang an Land bringen wollte, vom zürnenden roten Hahn in die Tiefe gezogen wurde.

Der Stechlin oder Große Stechlinsee ist ein beliebtes Tauchrevier. Allerdings sind Nacht- und Bootstauchgänge verboten, das Tauchen ist generell nur in einem bestimmten Bereich erlaubt. Die Tauchbasis in Neuglobsow koordiniert die zahlenmäßig begrenzten Tauchgänge. Der Stechlin steht bereits seit 1938 unter Naturschutz und ist damit eines der ältesten Naturschutzgebiete Deutschlands.

Moore und seltene Vögel

Viele, oft unberührte Moore liegen in den weiten Wäldern. Die Moorweiher sind letzter Lebensraum seltener Libellen, wie Zwerglibelle, Moos- und Mosaikjungfern. Im Frühjahr zur Laichzeit können Wanderer im dunklen Wasser auffällig hellblau gefärbte Moorfrösche entdecken. Normalerweise sind Moorfrösche recht unscheinbar: Bräunlich gefleckt und sechs bis acht Zentimeter groß sind sie im Laub oder auf dem Waldboden kaum zu entdecken. In der Paarungszeit ziehen sich die Männchen aber ihr blaues Prachtkleid an, um den Weibchen auch ja aufzufallen. Die Erdkröten-Männchen scheinen das nicht nötig zu haben. Im Gegenteil, sie lassen sich vom Weibchen „huckepack" zum Laichgewässer tragen.

In den ans Moor angrenzenden Torfmoosrasen sorgen die in diesem Lebensraum vorkommenden Pflanzenarten im Sommer für schmückende Farbtupfer: Zu entdecken sind Sonnentau, Wollgras, Blasenbinse, Sumpfporst und Fieberklee.

Noch weit auffälliger als die botanischen Raritäten macht sich akustisch und optisch die artenreiche Vogelwelt bemerkbar. In den alten, oft baumhöhlenreichen Laubwäldern, brüten Hohltauben, verschiedene Spechtarten, Zwergschnäpper und Schellente ebenso wie Waldschnepfe, Waldwasserläufer und Kernbeißer, um nur wenige zu nennen. Der Artenreichtum ist Beleg für die Vielfalt der Lebensräume in den Wäldern des Naturparkgebietes. Der Ruf des Kranichs dringt im Frühjahr aus seinen Brutrevieren, und über den Seen kreisen See- und Fischadler

bei der Nahrungssuche. Der Naturpark Stechlin-Ruppiner Land ist zusammen mit dem Naturpark Uckermärkische Seen das Gebiet mit der höchsten Fischadler-Brutdichte Mitteleuropas. Die auf den Fischfang spezialisierten Greifvögel finden im Gebiet Brutplatz und Nahrung. Besondere Kostbarkeiten der Vogelwelt sind auch an den Bächen und Quellgebieten der Ruppiner Schweiz zu beobachten: Eisvogel und Gebirgsstelze sind Brutvögel, die Wasseramsel Wintergast, auch die besonders scheuen Schwarzstörche können angetroffen werden.

Heimliche Nachtschwärmer und klingelnde Erpel

In den feuchten, lichtarmen Schluchten der Endmoränenzüge gedeiht eine reiche Farn- und Moosflora, ebenso an den oft großflächigen Sickerquellen. Wegen der immer gleichen Wassertemperatur tragen letztere selbst dann einen leuchtend grünen Pflanzenteppich, wenn ringsum der Wald winterlich verschneit ist. Dem Kundigen zeigen markante Spuren im Schnee, dass der Fischotter hier durch sein Revier streift. Biberburgen und die so genannten Doppelkegelschnitte angenagter Bäume verraten die Anwesenheit des Bibers. Er besiedelt inzwischen wieder die Rhingewässer von Lindow abwärts und die Havel aufwärts bis Fürstenberg/Havel. Mit dem Einbruch der Dämmerung kann es schon einmal gelingen, den Biber zu Gesicht zu bekommen. Mit dem Fischotter ist das ungleich schwieriger, er ist nicht nur, wie der Biber, nachtaktiv, sondern dazu auch noch ausgesprochen scheu und heimlich.

GESCHICKTER JÄGER FISCHOTTER
Den flinken Fischer bekommt man fast nie zu Gesicht

Wenn Spaziergänger es dagegen am Stechlin oder Nehmitzsee vernehmlich klingeln hören, ist das nicht der Postbote. Mit seinem schnellen Flügelschlag erzeugt das Männchen, der Schellerpel, ein charakeristisches, pfeifendes Fluggeräusch, das an das Schellen einer Glocke erinnert. Die Schellente ist das „Wappentier" des Naturparks Stechlin-Ruppiner Land. Mit dem höchsten Wald- und Gewässeranteil Brandenburgs bietet ihr dieser Naturpark die notwendigen Lebensbedingungen: reich strukturierte alte Laubwälder, Baumhöhlen zum Brüten, Klarwasserseen zur Nahrungssuche.

Auf eigene Faust oder geführt – gut zu Fuß im Naturpark

Laufen in guter Luft und schöner Landschaft – der Naturpark Stechlin-Ruppiner Land hat auch Sportlern einiges zu bieten. Zum Beispiel den bundesweit einzigartigen Laufpark Stechlin zwischen Rheinsberg, Gransee und Fürstenberg/Havel. Sechs verschiedene, farbig markierte und kilometrierte Rundkurse wurden auf rund 55 Kilometern Länge angelegt. Von fünf verschiedenen Orten aus kann man in die Rundkurse „einsteigen". Die Strecken sind zwischen 4,8 und 36 Kilometer lang und bieten allen Bewegungssportlern, zum Beispiel auch Handbikern, hervorragende Trainingsbedingungen. Alle Rundkurse sind ebenfalls zum Wandern und Radfahren geeignet. Für Tagestouristen stehen im Stechlinseecenter in Neuglobsow, auf dem Gut Zernikow, auf dem Ferienhof in Altglobsow und im Roofenquell in Menz Dusch- und Umkleidemöglichkeiten zur Verfügung. Das weitverzweigte, asphaltierte Radwegenetz und die zahlreichen Seen ermöglichen auch Kombisportarten wie Duathlon, Triathlon oder Quadrathlon, teilweise ist es auch für Sportler mit Behinderungen nutzbar.

Wer den Naturpark eher gemäßigten Schrittes „erfahren" möchte, findet mit dem Europäischen Fernwanderweg E 10 gute Voraussetzungen vor. Der Weg durchquert das Land Brandenburg von Norden nach Süden mit einer Gesamtlänge von 429 beziehungsweise 452 Kilometern. Im Ruppiner Land gibt es zwei Wegalternativen: Die Ostvariante führt durch den Landkreis Oberhavel, die Westvariante durch den Landkreis Ostprignitz-Ruppin. Daraus ergibt sich der 250 Kilometer lange Ruppiner-Land-Rundwanderweg. Er durchquert die für den Naturpark charakteristischen Luch- und Tonlandschaften, führt an Wäldern, Feldern, Seen, Flüssen und Kanälen entlang und berührt sehenswerte Städte und Dörfer.

Doch auch kürzere Strecken können interessant und erlebnisreich sein: Rund um den Wallberg bei Menz können Wanderer auf einem 1,5 Kilometer langen Pfad entlang einer Feuchtwiese sieben verschiedene Biotoptypen kennen lernen. Nähere Informationen zum Biotoplehrpfad erhält man im NaturParkHaus Stechlin in Menz. Dort kann man dazu auch ein Begleitheft und einen Marschrucksack ausleihen.

Etwas länger ist der Wald- und Wassererlebnispfad Menz. Er führt sechs Kilometer und über 20 Stationen rund um den Roofensee mit herrlichen Aus- und Einblicken. Auch zu diesem Lehrpfad gibt es im NaturParkHaus nähere Informationen, Begleitheft und Marschrucksack zum Ausleihen.

Ausstellung zum Anfassen und Führungen nach Maß

Im NaturParkHaus Stechlin in Menz können die Besucher auf eine phantastische Reise durch die Naturräume des Naturparks gehen. Erleben, entdecken und anfassen – die Ausstellung animiert Groß und Klein, die Dinge wirklich „zu begreifen". Die Besucher können einen Ameisenhaufen besuchen, einem Baumstamm sein Geheimnis entlocken, mit dem Kranich und dem Wildschwein telefonieren, und die in Schatullen verborgenen „Diamanten" der Seen, die Kieselalgen, entdecken.

Im NaturParkHaus Stechlin in Menz werden auch Umweltbildungsprogramme organisiert, die den Teilnehmern grundlegende ökologische Zusammenhänge vermitteln und die Wechselwirkung zwischen Mensch und Natur erlebbar machen.

Darüber hinaus vermittelt die Naturparkverwaltung naturbezogene Führungen, thematisch ausgesuchte Wanderungen oder baugeschichtliche Exkursionen in historische Stadtkerne. Diese Angebote decken wie ein Netz das gesamte Areal des Naturparks ab. 18 orts- und fachkundige Kultur- und Landschaftsführer stehen zur Verfügung, um Touristen die interessantesten Flecken des Naturparks zu zeigen. Zum Service gehört, dass individuelle, genau auf die Interessen und den Zeitplan der Besucher abgestimmte Touren zusammengestellt, Wanderungen, Rad- und Kanutouren oder Kremserfahrten organisiert werden. Die Kultur- und Landschaftsführer begleiten die Besucher zu Sehenswürdig-

NATURPARKHAUS MENZ
Zum Baden im schönen Roofensee ist es gar nicht weit

keiten und durch das eine oder andere Abenteuer in der einzigartigen Natur- und Kulturlandschaft. Dazu gibt es so manchen Insidertipp zur leckeren regionalen Küche, zu kulturellen Höhepunkten und zu den Menschen im Naturpark, die sich im Gebiet zwischen Gransee, Fürstenberg/Havel, Wittstock/Dosse, Neuruppin, Lindow und Rheinsberg mit bodenständigen Handwerkskünsten oder regionalen Erzeugnissen präsentieren.

Radeln mit Königin-Luise, bis nach Kopenhagen oder nach Gehör

Der Königin-Luise-Radweg verbindet Mecklenburg-Strelitz, Berlin und Brandenburg auf den Spuren Luises. Sie war die bekannteste und populärste Königin auf Preußens Thron. 1776 wurde sie in Hannover als Tochter Herzog Karls von Mecklenburg-Strelitz und seiner Gattin Friederike aus dem Hause Hessen-Darmstadt geboren. Königin Luise wurde wegen ihrer Schönheit, Anmut und Volksnähe, aber auch wegen ihrer Aufgeschlossenheit gegenüber fortschrittlichem Gedankengut verehrt. 1810 starb sie nach nur 15jähriger Amtszeit und erst 34jährig in Hohenzieritz bei Neustrelitz. Der königliche Leichnam wurde unter großer Anteilnahme der Bürger in einem prozessionsartigen Zug von Hohenzieritz zum Schloss Charlottenburg in Berlin gebracht.

Die Touristen auf dem Königin-Luise-Radweg werden an authentische Orte wie die Schlösser Hohenzieritz, Mirow, Charlottenburg, Oranienburg, die Residenzstadt Neustrelitz, Schloss und Kirche in Paretz sowie die Pfaueninsel im Berliner Wannsee geführt und können dabei eine atemberaubend schöne, begeisternde Landschaft erleben.

Auch der Abschnitt des Radfernweges Berlin-Kopenhagen, der durch das Ruppiner Land führt, stellt eine attraktive Route für Radtouristen dar. Der 630 Kilometer lange Radfernweg, der die Hauptstädte Dänemarks und Deutschlands verbindet, bietet auf seinem Abschnitt im Naturpark reichlich ursprüngliche Natur und viele Gelegenheiten zum Baden, Genießen, Staunen und Entdecken. Entlang der Havel und mehrerer Seen führt die abwechslungsreiche Strecke durch liebevoll hergerichtete Dörfer und Städte.

Schließlich können Radwanderer sich noch in Begleitung eines Hörspiels auf den Weg machen, um unterwegs Geschichten an ihren Originalschauplätzen zu lauschen. Erzählt wird von der Liebestragödie am Fuße der Mordbuche und der „Weißen Frau" auf dem Friedhof in Altglobsow. Am Gedenkstein für Wilhelm Müller erfahren die Touristen, wie es einst zu einem tödlichen Unglück im Wald kam. Die Suche nach dem verschollenen Ritterschatz und welches Ende sie nahm, ist auf dem Wallberg in Menz zu hören. Insgesamt sind sechs Sagen aus der Region auf der CD nacherzählt. CD-Player und Hörspiel-CD sind für eine geringe Gebühr im NaturParkHaus Stechlin in Menz auszuleihen. Ein exakter Lageplan hilft, die sagenhaften Schauplätze in der Menzer Heide und im Stechlinseegebiet zu finden.

Wolfsnacht im Tierpark Kunsterspring

Eine der reizvollsten Gegenden der Ruppiner Schweiz ist das Tal der Kunster. Dort, im landschaftlich traumhaft gelegenen Tierpark Kunsterspring der Fontane-Stadt Neuruppin, bekommen Besucher über 500 Tiere zu Gesicht, die 90 verschiedene Arten repräsentieren. In abwechslungsreichen Gehegen und

WÖLFE IM TIERPARK KUNSTERSPRING
Mimik und soziales Verhalten lassen sich hier bestens studieren

Anlagen können vor allem heimische Wildtiere, darunter seltene, und einige in Brandenburg bereits ausgerottete Arten wie Wolf, Luchs, Wildkatze, Wisent und Auer- sowie Birkhühner beobachtet werden. Eine besondere Attraktion sind die Europäischen Fischotter. Vor allem zu den Fütterungszeiten kann man sie im klaren Wasser der Kunster gut beobachten. Natürlich sind als Attraktionen für Kinder auch Streichelgehege und Abenteuerspielplatz vorhanden.

Ein besonders faszinierendes und ungewöhnliches Erlebnis ist die Führung „Tiere der Nacht – Wolfsnacht". Im Dunkeln erhalten die Teilnehmer Einblicke in das Nachtleben von Fischottern, Waschbären, Eulen, Marderhunden und Wölfen. Für die Teilnahme ist eine Anmeldung erforderlich.

Landschaftsgeschichte erfahren – Tonstiche und Eispanzer

Landschafts- und Kultur-Geschichte liegen im Naturpark Stechlin-Ruppiner Land – und darüber hinaus – am Weg. So führt mit etwa einem Viertel der Strecke die insgesamt 215 Kilometer lange „Deutsche Tonstraße" durch den Naturpark, ebenso die 666 Kilometer lange Eiszeitroute Mecklenburgische Seenplatte.

Ton als Werkstoff und als Keramik ist aus dem Ruppiner Land nicht wegzudenken. In Rheinsberg wird seit 240 Jahren Steingut fabrikmäßig hergestellt. Die Tradition blieb erhalten, die Rheinsberger Keramikprodukte haben im In- und Ausland auch heute noch einen guten Ruf. In den Manufakturen kann man den Töpfern bei der Arbeit über die Schulter sehen.

Zu Anfang des 20. Jahrhunderts prägte die Tongewinnung die gesamte nördlich von Berlin gelegene Region. Die Tonstraße macht die Erzeugnisse und Produktionsstätten jener Epoche zugänglich und lädt Besucher ein, der Route der Tonstiche und Ziegeleien, der Produktion von Keramik und Kachelöfen zu folgen.

Die Landschaft zu erleben und dabei ihre Entstehungsgeschichte erklärt zu bekommen, stellt eine ganz einzigartige Erfahrung dar. Auf der Eiszeitroute Mecklenburgische Seenplatte können Touristen eine Reise in die Vergangenheit weit vor unserer Zeit – in die Eiszeit – unternehmen. Weite Teile der idyllischen Landschaft Mecklenburg-Vorpommerns und Brandenburgs, die sich vor einem ausbreitet, war vor 15.000 Jahren von einer gewaltigen und mehrere hundert Meter dicken Eisdecke überzogen. Findlinge am Wegesrand, schöne Ausblicke von aufragenden Höhenzügen, langgestreckte Flusstäler, Seen und Sölle, weitläufige Ebenen, bunte Felder und ruhige Alleenstraßen und immer wieder auch interessante Lehrpfade – das sind nur einige Stichwörter, die die Erlebnismöglichkeiten der Eiszeitroute beschreiben.

Besucherinformation
Besucherzentrum
NaturParkHaus Stechlin,
Kirchstraße 4   16775 Stechlin, OT Menz
Fon 033082 512 10
post@naturparkhaus.de   www.naturparkhaus.de
np-stechlin-ruppiner-land@lua.brandenburg.de

www.grossschutzgebiete.brandenburg.de

Tourismusinformation
Tourismusverband Ruppiner Land e.V.
Fischbänkenstraße 8, 16816 Neuruppin
Fon 03391 65 96 30
www.ruppiner-reiseland.de

Reiseführer
Carsten Rasmus, Bettina Rasmus, Erlebnisführer Uckermark & Ruppiner Land. Radtouren, Wanderungen und Spaziergänge, KlaRas-Verlag Berlin 2006, ISBN 3-933135-19-2

Jo Lüdemann, Rheinsberg & Ruppiner Schweiz von Zechlin bis Neuruppin. Kultur- und Reiseführer für Wanderer, Wassersportler, Rad- und Autofahrer, Verlag Grünes Herz, 1. Auflage 2006, ISBN 3-935621-39-6

St. Marienkirche Gransee
Das architektonisch bedeutendste Bauwerk der Stadt

*Beate Schubert u.a. (Hrsg.), Brandenburg. Der Norden Band 2:
Das Ruppiner Land, ProLineConcept-Verlag, Templin 2000,
ISBN 3-931021-38-6*

Literatur
*Manfred Lütkepohl und Martin Flade (Hrsg.), Das Naturschutz-
gebiet Stechlin, Verlag Natur & Text Rangsdorf, 1. Auflage 2004,
ISBN 3-9807627-8-5*

Karten
*Landesvermessung und Geobasisinformation Brandenburg
(Hrsg.), Topografische Freizeitkarte 1:50.000 Naturpark Stechlin-
Ruppiner Land Nord, 1. Auflage 2006, ISBN 3-7490-4164-4*

*Landesvermessung und Geobasisinformation Brandenburg
(Hrsg.), Topografische Freizeitkarte 1:50.000 Naturpark Stechlin-
Ruppiner Land Süd, 1. Auflage 2006, ISBN 3-7490-4165-2*

*Landesvermessung und Geobasisinformation Brandenburg
(Hrsg.), Topografische Freizeitkarte 1:50.000, Rheinsberger
Seengebiet, Ausgabe 2005, ISBN 3-7490-4053-2*

4   IM HERZEN DER UCKERMARK

Ein Fischadler zieht lautlos seine Kreise. Plötzlich hält er
inne, steht rüttelnd über der Wasserfläche. Dann stürzt er sich
mit großer Geschwindigkeit in die Tiefe, die scharfen Krallen
weit vorgestreckt. Kurz vor der Wasseroberfläche fächert er die
Flügel zum Abbremsen breit auf. Blitzschnell ergreift er seine
Beute und schwingt sich mit kräftigen Flügelschlägen wieder in
die Luft – mit einem ordentlichen Happen Fisch in den Fängen.
Nirgendwo sonst in Mitteleuropa leben die Fischadler so dicht
nebeneinander wie hier. Die 230 Seen liefern ihnen genug Lecker-
bissen. Der Stolpsee bei Fürstenberg/Havel ist mit 381 Hektar
der größte von ihnen, der tiefste ist der Röddelinsee bei Templin
mit 39 Metern. In mehr als 10 dieser Seen kann man über fünf
Meter tief sehen. Man bezeichnet sie deshalb als Klarwasserseen.
Das lebhafte Relief der Uckermärkischen Seenlandschaft
hat die Weichseleiszeit vor 15.000 Jahren hinterlassen. Der Westen
und Süden des Naturparks wird von großen Kiefernforsten auf
Sanderflächen dominiert. Im Norden und Osten wachsen Buchenwälder auf Endmoränenzügen, die davor liegenden Grundmoränen werden landwirtschaftlich genutzt.

Originale prägen die Landschaft

Ganz allein aber hat die Natur das Ensemble aus Seen,
Hügeln und Wäldern nicht gestaltet. Seit jeher drücken die Ucker-
märker der Landschaft ihren Stempel deutlich auf. Schon in der
Steinzeit rodeten die Menschen die Wälder, später legten die
Siedler die Sümpfe vielerorts trocken, um Platz für Wiesen und
Dörfer zu schaffen. Bäche bekamen ein neues Bett, Buchten
wurden zu festem Land. Im Laufe der Jahrhunderte entstand ein
Mosaik aus Wäldern und Wiesen, aus trockenen Heideflächen
und feuchten Seeufern. Da blüht der Sonnentau in einem gluck-
senden Sumpf, ein paar Meter weiter duftet der Sandthymian

SEEADLER MIT BEUTE.
In der Uckermark jagen See- und Fischadler oft Seite an Seite

BLÜHENDE GLOCKENBLUMEN
Farbenspiel in der Feldmark

auf einem trockenen Hügel mit Steppen-Ambiente. Nur wenige
Straßen durchschneiden dieses Landschaftspuzzle – und selbst
die sind häufig mehr als kahle Asphaltbänder: Kastanien-, Linden-
oder Robinien-Alleen verbinden kleine Städte mit Dörfern inmitten eher magerer Felder, an deren Rändern Kornblumen und
Klatschmohn leuchten. In vielen dieser Orte berichten gut erhaltene Stadtmauern oder trutzige Feldsteinkirchen vom Leben in
der Vergangenheit.

Den heutigen Uckermärkern begegnet man zum Beispiel in
einem der vielen kleinen Gasthöfe. Wer dort allerdings ein fröhli-
ches „Hallo" in die Runde wirft, erntet mit ein wenig Glück
einen tiefen Brummton. Andernorts würde dieser Laut wohl eher
als Missfallensäußerung verstanden werden, in der Uckermark
aber gleicht er schon beinahe einem überschäumenden Willkom-
mensruf. Die Uckermärker sind schon ein ganz besonderer Men-
schenschlag. Jahrhunderte lang ist ihre Heimat ein Schmelz-
tiegel gewesen, in dem sich Einflüsse aus Mecklenburg und
Brandenburg mit denen aus anderen Teilen Deutschlands, aus
Polen und Frankreich verbanden. Und diese Mischung hat jede
Menge Originale hervor gebracht. Wer sich von ihrer anfängli-
chen Wortkargheit nicht abschrecken lässt, erfährt oft die span-
nendsten Uckermark-Geschichten.

Natürlicher Reichtum

In der Uckermark ist ein Naturreichtum erhalten geblieben, der in Mitteleuropa seinesgleichen sucht. Der Naturpark Ucker-märkische Seen beherbergt über 1.200 teils sehr gefährdete Pflanzenarten. In den Mooren wachsen Breitblättriges und Zierliches Wollgras, Glanzkraut, Sumpfporst und der Fleisch fressende Sonnentau. Von den 15 im Naturpark nachgewiesenen Orchideenarten hat das seltene Gelbe Knabenkraut hier seinen einzigen Fundort in Brandenburg.

Die naturnahen Fließgewässer wie Hegesteinbach, Küstriner Bach und Strom sind ein Domizil für Bachneunauge und Bachforelle.

Weißstorch, Kranich, Seeadler, Fischotter und Biber sind im Naturpark ebenso zu Hause wie Große Rohrdommel, Edelkrebs und Sumpfschildkröte. Moorfrosch und Rotbauchunke, Ringel- und Glattnatter gehören zu den bemerkenswerten Arten. In der offenen, durch Hecken, Feldgehölze und Alleen reich strukturierten Landschaft leben Brachpieper, Braunkehlchen und Raubwürger.

SENSIBLER LEBENSRAUM KÜSTRINER BACH
Im sandigen Bachgrund kommt die empfindliche Bachmuschel vor

WASSERWANDERPARADIES NATURPARK UCKERMÄRKISCHE SEEN
Unzählige Möglichkeiten für einzigartige Paddeltouren

Die alte, nur rund 80 Kilometer von Berlin entfernte Kulturlandschaft im Naturpark Uckermärkische Seen bietet Besuchern
vielfältige Möglichkeiten, es sich gut gehen zu lassen. Blaue
Seen, grüne Hügel, Wälder und Wiesen, Bäche und trockene
Heideflächen bieten den Touristen An- und Ausblicke voller Ab-
wechslung.

Auf Radtouren und Wanderungen, mit der Draisine, zu
Pferd oder mit dem Planwagen und auf rund 150 Kilometern
Wasserwanderwegen durch das Gebiet, lassen sich Landschaft
und Natur unmittelbar und hautnah erleben – den gelegentli-
chen Mückenstich inbegriffen. Neben der für Motorboote zuge-
lassenen Oberen Havel, den Wentower, Lychener und Templiner
Gewässern sind viele Seen und Fließe ausschließlich den Kanu-
touristen vorbehalten.

Seenland von Menschenhand und das Wunder von Zehdenick

Als im Jahre 1887 die Eisenbahnlinie von Berlin nach Templin errichtet wurde, entdeckte man gar nicht allzu weit von der entstehenden Großstadt entfernt Bänderton in nur fünf Metern Tiefe. Der hohe Ziegelbedarf für das wachsende Berlin und eine gute, schiffbare Verbindung über den 1884 fertig gestellten Voßkanal löste einen explosionsartigen Aufbau von Ziegeleien besonders im Raum um Zehdenick aus. Bereits 1910 wurden hier in 44 Ziegeleien 625 Millionen handgestrichene Ziegel im Jahr gebrannt. Der Abbau des erforderlichen Tons hinterließ zahlreiche Löcher in der Landschaft – die so genannten Tonstiche. Diese füllten sich später mit Wasser. Biber, Fischotter, Rotbauchunke und Große Rohrdommel sind nur einige der europaweit geschützten Arten, die diese künstlichen Gewässer als Lebensraum angenommen haben. Tausende Zugvögel rasten alljährlich in dieser von Menschenhand geschaffenen Seenlandschaft.

Wanderer können vom Bahnhof Zehdenick aus eine empfehlenswerte Tour (16 Kilometer) zum Ziegeleipark Mildenberg und nach Burgwall unternehmen. Im Ziegeleipark, dem „Technikmuseum in der Natur", sind die alten Industrieanlagen mit Dampfmaschine, historischen Werkstätten, Ziegeleimuseum und Ringöfen zu besichtigen. Abenteuerspielplatz, Picknickbereich und Gaststätte, Galerie und Multivision machen das ehemalige Werksgelände der Ziegelei zu einem attraktiven Ausflugsziel für die ganze Familie. Mit der Tonlorenbahn können Besucher etwa eineinhalb Stunden durch die faszinierende Tonstichlandschaft fahren.

Das Zisterzienserkloster von Zehdenick stellt heute eine einzigartige Mischung aus Natur und Bauwerken von Menschenhand dar, die zum Teil bereits seit dreieinhalb Jahrhunderten verfallen. Efeu windet sich die Klostermauern hinauf und verhüllt weite Teile der Anlage mit seinen immergrünen Blättern. Die mächtigen Kletterpflanzen, deren verdrehte Stämme an große Bäume erinnern, sollen die ältesten in Europa sein.

Entstanden war die Klosteranlage, um ein „Wunder" aufzubewahren. Einst wollte eine Zehdenicker Wirtin einen neuen

Kundenkreis erschließen. Sie vergrub eine geweihte Oblate in der Erde, um dadurch Pilger anzulocken – so heißt es in alten Überlieferungen. Der Erfolg blieb jedoch zunächst aus. Nachdem die Wirtin reumütig gebeichtet hatte, sollte die Oblate wieder ausgegraben werden. Die Hostie wurde nicht gefunden, stattdessen quoll Blut aus der Erde. Zu der eilends gebauten Kapelle, in der dieses Wunderblut aufbewahrt wurde, pilgerten die Gläubigen fortan in Strömen. 1250 wurde die heilige Stätte zur Aufbewahrung für das vermeintliche Blut Gottes erweitert und ein komplettes Zisterzienserkloster für Nonnen erbaut. Einige Gebäude, wie beispielsweise die Klosterscheune, wurden erst im Jahr 2000 nochmals vollständig restauriert. Dort können Besucher heute die Kunstwerke der Klostergalerie bewundern. Das Wunder von Zehdenick wurde von der modernen Naturwissenschaft inzwischen entmystifiziert: Bakterien sind für die Rotfärbung des Wassers verantwortlich.

Wie eine blaue Blume – Naturpark-„Hauptstadt" Lychen

Beim Blick auf die Karte wirkt Lychen wie das Zentrum einer Blume mit blauen Blütenblättern: Es schmiegt sich auf eine Landzunge zwischen Oberpfuhl-, Nesselpfuhl- und Stadtsee, ein äußerer Kranz aus Wurlsee, Großem Lychensee und Zenssee ergänzt die blaue Palette.

Leicht erhöht thront der trutzige Feldsteinbau der Wehrkirche St. Johannes über der mehr als 750 Jahre alten Acker-Bürgerstadt.

Lychen ist Sitz der Verwaltung des Naturparks Uckermärkische Seen und beherbergt dessen Besucherzentrum. Hier erfahren Gäste nicht nur Wissenswertes über Tiere und Pflanzen, über die uckermärkische Landschaft und die Kultur, die sie hervorgebracht hat, sondern erhalten auch Vorschläge für Ausflüge und Besichtigungen. Für Kinder gibt es ein Schatzsucherbuch und ein Hörspiel mit „Bocki" dem Biber.

Lychen ist auch der Ausgangspunkt einer ganz speziellen, romantischen Wasserreise: Knisternd kommt das Feuer in Gang. Flammen lecken über die sorgfältig geschichteten Holzscheite,

Wärme breitet sich aus, sanftes Licht fällt auf Gesichter und Weingläser. Und ringsum ist Wasser und Stille. Mitten auf einem See sitzen und die Füße wohlig den Flammen entgegen strecken – schon deshalb hat sich die Floßfahrt gelohnt.

Jede Hektik ist am Ufer zurück geblieben. In gleichmäßigem Rhythmus taucht die Flößerstange ins Wasser, erreicht den Grund und schiebt das Gefährt durch die Dämmerung. Ein leichter Wind fächelt über das Wasser und raschelt im Schilf. Kleine Wellen plätschern gegen die Baumstämme unter den Füßen und untermalen die Idylle. Was Touristen heute als romantische Wasserreise erleben, war früher eine ziemliche Plackerei. Noch vor fünfzig Jahren arbeiteten Lychener Flößer im Prinzip so, wie es ihre Vorfahren schon seit Jahrhunderten getan hatten. Die Lychener Flößer haben ihre Stämme Ende der 1960er Jahre zum letzten Mal in die Sägewerke transportiert. Nur beim alljährlichen Flößerfest führen sie heute noch vor, wie man ein Floß fachgerecht zusammenfügt.

WANDERN BEI FÜRSTENWERDER
„Rollende" Hügel und herbstliche Farbtupfer

Spur der Steine

Die Baumeister der Wehr-Kirchen benutzten ein Material, das man in der Uckermark auf jedem Acker aufsammeln kann: Feldsteine. In ordentlichen Reihen setzten die mittelalterlichen Maurer graue und rötliche Blöcke in einer Kletterschalung aufeinander und bauten so eine robuste Fassade. Experten sprechen deshalb auch von „Schichttechnik". Beispiele für diese Architektur finden sich in fast jedem Dorf der Region, etliche der Kirchen sind in den letzten Jahren mit viel privatem Engagement und Liebe zum Detail restauriert worden.

Feldsteinmauern aus späteren Epochen zeigen dagegen einen anderen Stil. Denn die Baumeister des 18. und 19. Jahrhunderts verzichteten darauf, jeden Stein mühsam von allen Seiten zu behauen. Stattdessen wurde nur die Frontseite geglättet, Steinsplitter füllten die Fugen zwischen den unregelmäßigen Blöcken.

Wallanlagen und Gotteshäuser, Scheunen und Pflasterstraßen – es gibt kaum ein Bauvorhaben, für das die Uckermärker früherer Jahrhunderte nicht auf Feldsteine zurückgegriffen hätten. Nicht umsonst wird der geplante Radweg von Templin nach Fürstenwerder „Spur der Steine" heißen.

Wer die Spur der Steine zu lesen versteht, kann die Eiszeitreise der skandinavischen Gletscher heute noch nachvollziehen. Findlingsgärten in Fürstenwerder und an der Straße von Carwitz nach Thomsdorf helfen dem Besucher, das steinerne Erbe zu entschlüsseln. So steht man in Fürstenwerder vor einem großen Granitbrocken, der nach Analysen von Geologen aus der Nähe von Stockholm stammt. Rötlicher und grauer Granit, dunkler, feinkörniger Basalt, heller Sandstein – eine ganze Kollektion solcher weit gereisten Steine schmücken den Findlingsgarten, Schautafeln erzählen die Eiszeitgeschichte. Wer will, kann sich aber auch einfach nur zwischen Steinen und Bäumen auf eine Bank setzen und den spektakulären Blick über den See genießen.

Bauern, Nonnen und Adel im Reich der Eichen

Das Naturschutzgebiet Boitzenburger Tiergarten verzaubert stellenweise mit Märchenwald-Atmosphäre. Da knarren mächtige alte Eichen und strecken ihre bizarren Äste zum Licht. Irgend-

NATURSCHUTZGEBIET „BOITZENBURGER TIERGARTEN"
Rundwanderwege durch märchenhaften Eichenwald

wo hämmert ein Specht an einem der knorrigen Stämme. Son-
nenstrahlen fallen auf eine Lichtung und hüllen die Baumriesen
in einen sanften Goldton. Kleine Brücken führen über das Flüsschen Strom, Libellen gaukeln über dem Schilf am Ufer. Dieses
eindrucksvolle Ensemble ist nicht nur ein Werk der Natur. Über
Jahrhunderte haben Menschen das Gelände nach ihren Bedürfnissen und Vorlieben umgestaltet. Die Boitzenburger Landschaft
ist eine Art Geschichtsbuch, das von Landwirtschaft und adliger
Lebensart erzählt. Wer darin zu lesen versteht, findet in Boitzenburg bis heute die Spuren von hart arbeitenden Bauern, heilkun-
digen Nonnen und naturbegeisterten Adligen.

Vor allem unverheiratete Töchter von Adelsfamilien lebten
im Zisterzienserinnen-Kloster Marienpforte, das die Markgrafen
Johann II., Otto IV. und Conrad 1269 gestiftet hatten. Das
schlichte Leben, das der Zisterzienser-Orden propagierte, spiegelt sich bis heute in der Architektur. Schmucklos und doch eindrucksvoll ragen die Reste des gotischen Baus aus rotem Ziegel-
stein zwischen den Bäumen am Rande des Tiergarten auf, leere
spitzbogige Fensteröffnungen rahmen Stillleben aus Stämmen
und Blättern.

Im Boitzenburger Schloss am anderen Ende des Ortes wird
die Geschichte der Adelsfamilie von Arnim, die wie kaum eine
andere das Leben in der Uckermark geprägt hat, lebendig.

Wie ein Märchenschloss wirkt das imposante Gebäude mit
seinen strahlend hellen Mauern, mit verspielten Türmen, kunst-
vollen Giebeln und drachenköpfigen Wasserspeiern.

Schon kurz nach der Gründung des Klosters beschreiben historische Urkunden an dieser Stelle eine Wasserburg. Angesichts der ständigen Grenzstreitigkeiten zwischen Brandenburg, Pommern und Mecklenburg hatte dieser Punkt strategische Bedeutung, so dass sich in der kriegerischen Zeit zwischen dem 14. und dem 15. Jahrhundert die unterschiedlichsten Burgherren die Klinke in die Hand gaben. Auch der eine oder andere Vertreter der Familie von Arnim war schon dabei.

Zum Stammsitz der Familie aber wurde Boitzenburg erst durch einen Tausch. 1528 gab der brandenburgische Kurfürst Joachim I. seine Grenzfestung an Hans von Arnim ab, der im Gegenzug das Renaissance-Schloss der Familie in Zehdenick zur Verfügung stellte. Der neue Burgherr ließ sein frisch erworbenes mittelalterliches Domizil im Renaissance-Stil umbauen. Das war der Auftakt zu zahllosen Aus- und Umbaumaßnahmen mit denen die Schlossherren ihren Stammsitz immer wieder dem Geschmack ihrer Zeit anpassten. Baustile aus den letzten fünfhundert Jahren haben sich in Boitzenburg zu einem Architekturkunstwerk zusammen gefügt.

Das restaurierte Schloss zeigt sich heute im Stil der Neorenaissance, dem Ergebnis des letzten Umbaus im ausgehenden 19. Jahrhundert und wird als Familien- und Jugendhotel mit einem Restaurant betrieben.

Templiner Stadtspaziergang durch die Perle der Uckermark

Die Stadt Templin wurde von den Markgrafen Johann I. und Otto III. gegründet. Ihnen schien als Standort ein Hügel inmitten von sumpfigen Niederungen günstig, der sich gut verteidigen ließ und von dem man die wichtigen Handelsstraßen nach Hamburg, Magdeburg und Stettin überwachen konnte. Wann genau die Stadt dort gegründet wurde, bleibt allerdings im Dunkeln der Geschichte. Erstmals taucht „Templyn" jedenfalls 1270 in den Urkunden auf. Der Name, eine Wortschöpfung aus germanischen und slawischen Silben, bedeutet so viel wie „am Wasser gelegener Hügelort".

Dank der Handelsverbindungen blühte das mittelalterliche Handwerk, so dass sich Templin Anfang des 14. Jahrhunderts zu

TEMPLINER STADTMAUER
Gut erhalten und 1735 m lang

einer wohlhabenden Stadt entwickelte. Sümpfe und primitive Holzpalisaden schienen dem damals herrschenden Markgrafen Waldemar zur Verteidigung dieses Kleinods nicht mehr ausreichend. Er gab eine sechs bis sieben Meter hohe und 1.735 Meter lange Stadtmauer aus Feldsteinen in Auftrag, an der die Baumeister etwa hundert Jahre lang arbeiteten.

Das Bollwerk aus grauen und rötlichen Feldsteinen hat die Jahrhunderte sehr gut überstanden. Bei einer Entdeckungsreise durch Templin sollte ein Spaziergang entlang der Stadtmauer nicht fehlen. Mächtiges, stellenweise vom Efeu überwachsenes Mauerwerk und gotische Tore aus rotem Backstein verbreiten Mittelalterflair.

Wer sich für die Naturschätze der Region interessiert, sollte die Ausstellung „Lebensräume" im Berliner Tor besuchen. Darin präsentieren der Naturpark Uckermärkische Seen und das Biosphärenreservat Schorfheide-Chorin die Landschaftsgeschichte des Templiner Umlands. Auch das älteste Gebäude der Stadt, die gotische St.-Georgen-Kapelle aus dem 14. Jahrhundert, liegt nur wenige Schritte von der Mauer entfernt am Berliner Tor.

In der Naturtherme Templin dagegen findet man den perfekten Ort, um für ein paar Stunden Stress und Alltag vor der Tür zu lassen und in eine Welt aus Wasser und Wärme einzutauchen. Seit dem Jahr 2000 schmückt sich Templin mit dem Titel „Thermalsoleheilbad". Auf 10.000 Quadratmetern bietet die Naturtherme Solebäder mit bis zu 35 Grad warmem Wasser, Wasserrutschen und Kinderparadies, Saunalandschaften und verschiedene Wellness-Angebote.

Vom Herzen des Naturparks zum Vorposten Fürstenberg

Ein lohnendes Ausflugsziel ist das „Kirchlein im Grünen" in Alt Placht: Zwischen 500 Jahre alten Linden duckt sich eine kleine Fachwerkkirche mit blauem Holzturm und Reetdach. Dunkle Holzbalken zieren helle Lehmwände. Sonnenflecken und Blätterschatten zeichnen ein sich ständig veränderndes Muster auf die Fassade. Ringsum herrscht Stille, unterbrochen nur von Vogelgezwitscher und dem Rascheln der Lindenblätter. Im Inneren des Gebäudes treffen Besucher auf eine schlichte Einrichtung und eine ruhige, ansprechende Atmosphäre, deren Geheimnis schon viele Touristen zu entschlüsseln versucht haben. Hier sind auch Besucher fasziniert, die sonst mit kirchlichen Bauten wenig anfangen können. Um das Jahr 1700 hatten hugenottische Einwanderer die kleine Kirche in nordfranzösischem Fachwerkstil errichtet.

ALT PLACHT
„Kirchlein im Grünen" mit bis zu 500jährigen Linden

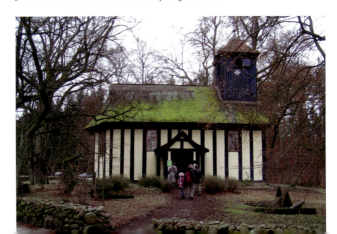

Das „Kirchlein im Grünen" hat sich zu einem Anziehungspunkt entwickelt – für Touristen und Einheimische, für Konzert-
besucher und Heiratswillige. Die Menschen sind beeindruckt von
dem gelungenen Zusammenspiel von Natur und Architektur.
Einige halten sie gar für das Herz des Naturparks – und wer sich
ein bisschen Zeit nimmt, kann es schlagen hören.

Nur wenige Kilometer südlich von Alt Placht, in Annenwalde,
sind die Interessenten für Glaskunst an der richtigen Adresse. Von
Densow aus führt eine schöne Lindenallee zu dem zwischen Lychen
und Templin gelegenen kleinen Dorf, das sich inzwischen zu einem Anziehungspunkt für Touristen entwickelt hat. Im Jahr 2000
hat ein Verein von Glas-Enthusiasten um den Bildhauer und Glas-
künstler Werner Kothe dort eine Glashütte eröffnet und damit
die alte Tradition der Glasproduktion an diesem Ort wiederbelebt.
Von Annenwalde aus kann man auf den Spuren des Bibers
rund um den Densowsee wandern. Etliche Baumstämme haben
die vierbeinigen Baumeister und Landschaftsgestalter kunstge-
recht gefällt, mehrere Dämme stauen den Seeablauf zum Ragöser
Bach. Von einem Beobachtungsturm aus kann man „Meister
Bockerts" Werk betrachten.

Bereits die Menschen der Steinzeit entdeckten die günstige
Lage der geräumigen Sandbank zwischen drei Seen, auf der später die Stadt Fürstenberg entstehen sollte. Um 1200 errichteten
brandenburgische Ritter dort neben einer slawischen Siedlung
eine hölzerne Verteidigungsanlage, die wohl eher einem ameri-
kanischen Fort als einer deutschen Burg ähnelte. Es war die „vor-
derste Burg" an der Grenze nach Mecklenburg. Mit ein paar Laut-
verschiebungen entstand daraus schließlich der Name Fürstenberg. Auf allen Seiten von Wasser umgeben und nur über wenige Landengen erreichbar, lag die Burg strategisch sehr günstig.
Heute ist die Stadt Bestandteil der Naturparks Stechlin-
Ruppiner Land und Uckermärkische Seen. Sie ist für beide Großschutzgebiete mit ihrer Lage an der Havel, der Bundesstraße 96
und der Fernbahnstrecke das Eingangstor vor allem für die Touristen aus Berlin. Schon ein Abenteuer ist für Naturparkbesucher
die Fahrt mit der Draisine von Fürstenberg/Havel über Lychen
nach Templin auf einer stillgelegten Bahnstrecke.

WANDERN IM GRENZLAND
In „Meck-Pomm" schließt der Naturpark Feldberger Seenlandschaft an

Nicht nur zur Weihnachtszeit

Die wichtigste internationale Attraktion der 800-Seelen-Gemeinde Himmelpfort ist das Weihnachtspostamt. Sicher ist es dem Namen geschuldet, dass seit den 1980er Jahren immer mehr Briefe aus aller Herren Länder an den Weihnachtsmann hier eintreffen. Heute sind es bereits eine Viertel Million, die in elf Sprachen beantwortet werden. Aber auch im Frühling, Sommer und Herbst ist Himmelpfort einen Besuch wert. Efeu überwuchert die wenigen, übrig gebliebenen Backsteinmauern des Zisterzienserklosters. Jeden Moment könnten Zwerge oder Elfen hinter diesen verwunschen scheinenden Ruinen hervor springen, so scheint es. Die Geschichte des Klosters ist allerdings weniger romantisch. Nach dem Dreißigjährigen Krieg verfielen die Gebäude zunehmend. Heute werden nur noch die veränderte Klosterkirche, das ehemalige Brauhaus und der Klostergarten genutzt. Der kleine Ort liegt so idyllisch zwischen Seen und Wäldern, dass man tatsächlich glauben könnte, an der Pforte zum Himmel zu stehen.

Besucherinformation
Besucherzentrum und Naturparkverwaltung
Zehdenicker Straße 1   17279 Lychen
Fon 039888 645 30
np-uckermaerkische-seen@lua.brandenburg.de

Besucherzentrum Berliner Tor
Berliner Straße   17268 Templin
Fon 03987 32 75
www.berlinertor-templin.de

Anfahrt
Regionalbahn RB 12 von Bhf. Berlin-Lichtenberg nach Templin,
Regionalexpress RE 5 von Hbf. Berlin nach Fürstenberg/Havel,
Bus 517 (Templin-Fürstenberg)

B 96 über Oranienburg, Gransee, Fürstenberg/Havel. B 109 über
Zehdenick und Templin

Tourismusinformation
TourismusServiceTemplin
Obere Mühlenstrasse 11   17268 Templin
Fon 03987 26 31
www.tourismus-service-templin.de

Tourismusinformation Fürstenberg
Am Markt 5   16798 Fürstenberg/Havel
Fon 0180 553 22 54
www.fuerstenberger-seenland.de

Reiseführer
Förderverein Feldberg- Uckermärkische Seenlandschaft e.V. (Hrsg.),
Naturpark-Tour. Eine Reise durch die Uckermärkische Seenlandschaft, Templin 2005
(erhältlich in allen Tourismusinformationen im Naturpark)

Karten
Landesvermessung und Geobasisinformation Brandenburg (Hrsg.),
Topografische Freizeitkarte 1:50.000 Naturpark Uckermärkische
Seen West, Potsdam 2005, ISBN 3-7490-4160-1

Landesvermessung und Geobasisinformation Brandenburg (Hrsg.),
Topografische Freizeitkarte 1:50.000 Naturpark Uckermärkische
Seen Ost, Potsdam 2006, ISBN 3-7490-4161-X

5   KRANICHLAND MIT WEITEM HORIZONT

Das Land atmet ruhig. Es bewahrt seinen Lebensrhythmus seit Jahrhunderten. Die tiefen Wälder der Schorfheide mit ihren alten, ehrwürdigen Eichen, die zahllosen, schimmernden Seen, die geheimnisvollen Moore und die geschwungenen Hügel beherbergen Leben in selten gewordener Fülle.

Es ist etwa 15.000 Jahre her, dass sich der dicke Eispanzer zurückzog, der fast ganz Brandenburg bedeckte. Enormer Druck von kilometerhoch aufgetürmten Gletschermassen, ihre Bewegung, der nichts widerstehen konnte, hat in den Jahrtausenden zuvor der heutigen Uckermark, der Schorfheide und dem Barnim ihr Gesicht gegeben. Die Weichselkaltzeit hinterließ Täler, Hügel, Seen und Moore, Sander und Dünen, Urstromtäler und Moränenketten.

Die Abfolge aller eiszeitlichen Formen im Gebiet des Biosphärenreservates war ein Grund zur Ausweisung dieses Schutzgebietes. Ein anderer Grund war die immer dünn gebliebene Besiedelung des spröden, widerspenstigen Landes, die ihm eine Ursprünglichkeit bewahrt hat, die inzwischen als Besonderheit gelten kann.

Der Mensch hat hier sein Auskommen seit der jüngeren Steinzeit gesucht, zugefallen ist ihm nie etwas, alles wurde schwer erarbeitet. Und nicht selten wurde bereits Errungenes wieder aufgegeben. Kriege, Seuchen, Hungersnöte und politische Wirren haben Dörfer öd werden lassen, Wohnplätze gingen wieder verloren.

Auf den Feldern, in den Wäldern und Sümpfen finden sich bis heute unerforschte Zeugnisse menschlicher Geschichte in der Region, manche wahren ihr Geheimnis auf Dauer. Von Slawendörfern noch ein paar Steine, eine Aufschüttung; von Burgen zwischen zwei Seen oder auf einer Halbinsel zeugt noch ein

„SCHWANENINSEL" IM WERBELLINSEE
An diesem über 700 Hektar großen See gibt es sieben Badestellen

Wall, ragt noch eine Ruine dachlos in den Himmel. Der Anblick der Wüste Kirche Berkenlatten berührt und lässt nachdenken über Kommen und Gehen der Menschen im Land.

Im 13. Jahrhundert kamen Mönche in die Mark und brachten neben dem Christentum wertvolle Kenntnisse und Fertigkeiten mit. Auch noch als Ruine beherrscht die Silhouette des Klosters Chorin die Gegend um das Dorf Chorin. Die Klostergründung markiert einen Wendepunkt in der hiesigen Geschichte. Deutsche Siedler ließen sich nieder, die Slawen gingen fort oder fügten sich ins Neue, und der Backstein begann, neben den Feldsteinen, die Gesichter der Ortschaften zu bestimmen.

Noch heute finden sich in den Dörfern viele Feldsteingebäude, Ställe und Scheunen zumeist, die in außerordentlicher Kunstfertigkeit und der besonderen Zwickeltechnik aus behauenen Feldsteinen errichtet wurden.

Zeitzeichen

Lange hatte Wald die Gegend beherrscht, dann fielen die Bäume, für mehr Felder, zur Holzgewinnung. Köhlereien, Glashütten, Schiffsbau, Siedlungsbau benötigten ungeheure Mengen des natürlichen Rohstoffs, und bald waren große Flächen waldfrei. Die noch heute bestehende Verteilung von Wald und Feld im ungefähren Verhältnis von eins zu eins auf der Fläche des Biosphärenreservats besteht seit dieser Zeit des Aufbruchs.

Wasser beherrschte das Gesicht des Landes mehr noch als heute – kaum zu glauben angesichts der über 230 Seen im Schutzgebiet. Aber Moore, Sümpfe, Flachseen waren früheren Generationen nicht schutzwürdige Lebensräume, sondern kaum nutzbare Flächen, unbegehbar und unheimlich. Mit zahllosen Gräben, die der Entwässerung und Trockenlegung ganzer Seen dienten, griffen sie nachhaltig in den Wasserhaushalt ein. Landgewinn für die eigene Nutzung war das erklärte Ziel.

Von den über 200 Seen im Biosphärenreservat ist der Parsteinsee mit 1.100 Hektar der größte See Brandenburgs. Aber auch der Werbellinsee, der Grimnitzsee und der Oberuckersee

FELDSTEINSTRASSE
Denkmalgeschützte Ästhetik alter Ortsverbindungswege

haben mit durchschnittlich 660 bis 800 Hektar Wasserfläche beachtliche Größen. Die Mehrheit der Seen hat eine Fläche von etwa 6 Hektar und Wassertiefen von 4 bis 12 Metern.

Wassersportler kommen besonders an den großen Seen auf ihre Kosten. Auf dem Werbellinsee, der der Gewässerkategorie einer Bundeswasserstraße entspricht, dürfen auch Motorboote fahren.

Die kleineren, in der Landschaft verstreut liegenden Seen sind eher etwas für den beschaulichen Naturgenießer. Die Ruhe, die von einem kleinen Waldsee ausgeht, schlägt sich nicht nur auf den Betrachter nieder. Hier findet auch eine mannigfaltige Tier- und Pflanzenwelt eine Nische zum Überleben.

Viele dieser Gewässer haben im Uferbereich ausgedehnte Verlandungszonen. Erlenbrüche mit moorbildenden Moosen und anderen Pflanzen schieben sich langsam vom Ufer aus über den See. Die Vermoorung eines Sees ist ein natürlicher Prozess. Auch wenn dabei das Gewässer ganz langsam verschwindet, entsteht dem Naturhaushalt kein nennenswerter Verlust. Ein neuer, genauso wertvoller Lebensraum, ein Moor, hat sich entwickelt. Im

Biosphärenreservat Schorfheide-Chorin gibt es etwa 2.000 überwiegend kleinere Moore. Kesselmoore zum Beispiel, mit den im Randbereich stehenden Moorpflanzen Sumpfschwertlilie und Sumpfcalla und Torfmoosen, Moosbeere, Wollgras und Sonnentau in ihrem Zentrum. Auch Niedermoore sind im Biosphärenreservat Schorfheide-Chorin verbreitet. Sie bieten Großseggen, Binsen und Schilf sehr gute Wachstumsbedingungen.

Aus anderen Hinterlassenschaften der Eiszeit ließ sich bedeutender Gewinn erzielen. Gewaltige Kies- und Sandaufschüttungen konnten als Baumaterial genutzt werden, und Tonlager boten sich den Töpfern als Arbeitsmittel an. Tonabbau bis zur Erschöpfung der Lagerstätten erfolgte im 19. und 20. Jahrhundert, die Brennöfen produzierten unzählige Ziegel, um die Häuser der Stadt Berlin zu errichten.

Ein eigener Berufszweig entstand: Der Steinschläger nahm sein Geschick erforderndes, hartes Handwerk auf. Besonders in den Endmoränen fanden sich große Steinpackungen, hergeschoben aus skandinavischen Räumen, deren Vorräte schier unerschöpflich schienen. Solche Steine mit wenigen gezielten Schlägen zu spalten, so dass die neu entstehende glatte Fläche sie als Baustein empfahl, verlangte Geschick und Kraft. Ungezählte Granitsteine im kleinen und größeren Pflastersteinformat wurden hergestellt und fuhren per Lastkahn fort, um anderswo die schlammigen und mitunter grundlosen Landstraßen zu befestigen.
Zeichen dieser Zeit sind bis heute die Pflasterstraßen aus Kopfsteinen, die noch häufig in den Wäldern, mitunter auch in Ortschaften, angetroffen werden können. Sie sind Kulturzeugnis und Erbe fleißiger Vorfahren, von hohem ästhetischen Wert und schutzwürdig, auch wenn sie mit holpriger Unebenheit den heutigen Bedürfnissen der Autogesellschaft entgegenstehen. Dabei mäßigen sie zu hohes Tempo ganz kostenlos.

Lebensräume
Die Menschen kamen nicht in unbewohntes Land – Wälder, Seen und Flüsse waren voller Leben. Ein heute kaum vorstellba-

rer Reichtum an Wild, an Pflanzen, Schmetterlingen, Vögeln prägte die Mark Brandenburg. Alte Aufzeichnungen sprechen von ganzen Wagenladungen voller Schildkröten, Flusskrebsen, Fischen, die auf die Märkte in den Städten gebracht und verkauft wurden. Biber dienten als Fastenspeise, Fischotter gaben tausendfach ihre Pelze, Luchs, Wolf und Bär mussten rasch völlig weichen, denn ihre Anwesenheit bedeutete Gefahr- und Konkurrenz.

Doch trotz aller Eingriffe und Nachstellungen findet sich im Biosphärenreservat auch heute noch eine außerordentliche Artenfülle. Noch leben einige wenige Schildkröten hier frei, drei Adlerarten brüten im Gebiet, Fischotter und Biber sind zurückgekehrt und haben große Reviere besetzt. Fast jedes Dorf hat seinen Storchenhorst, auf dem im Sommer die Weißstörche Nachwuchs aufziehen, und in den alten, stillen Wäldern brütet auch sein menschenscheuer Verwandter, der Schwarzstorch noch.

Über den Feldern kreisen Bussarde, roter und schwarzer Milan, Rohrweihen gaukeln über den breiten Rieden an den Ufersäumen der Seen, und im Frühling fragt sich mancher Unkundige, welches Tier so eine ungewöhnliche Stimme haben mag, die da aus dem Schilf tönt: die Große Rohrdommel ruft.

ROHRDOMMEL
Gut getarnt im Schilf

Dieser Vogel, der die großen Schilfgebiete der Seen braucht, fühlt sich wieder wohler hier, seitdem ihm mehr Lebensraum zugestanden wird. In den Industriestaaten Europas ging dieser Lebensraum immer weiter zurück, viele Vogelarten verloren damit ihre Existenz. In zehn ausgesuchten Teilgebieten des Biosphärenreservates Schorfheide-Chorin jedoch, hauptsächlich Seen der Offenlandschaft, wurden Maßnahmen umgesetzt, die den weiteren Rückgang von Schilfgebieten stoppen sollen. Auch Einwohner und Besucher der Region profitieren von diesem Projekt zum Schutz der Rohrdommel und ihres Lebensraumes. So entstand zum Beispiel eine Naturbadestelle am Grimnitzsee, die Spaß und Abenteuer bietet, die Schilfgebiete anderswo aber vor Badebetrieb schützt. Außerdem wurden verteilt im Schutzgebiet vier Naturbeobachtungstürme errichtet, von denen der interessierte Naturfreund Wasservögel, Kraniche und andere Tiere beobachten kann, ohne sie zu stören.

Diese Einrichtungen befinden sich in Althüttendorf am Grimnitzsee, auf dem Parsteinwerder am Parsteinsee, an den Mellenwiesen bei Parlow sowie bei Fergitz am Oberuckersee. Vom Beobachtungsturm auf dem Parsteinwerder kann man die Rohrdommel hören – zu sehen ist der scheue, gut getarnte Vogel fast nie. Von diesem Beobachtungsturm hat man einen ungehinderten Blick über hektargroße Schilfflächen, den Lebensraum der Rohrdommel.

Naturnahe Wälder haben sich vor allem in den Bereichen der Endmoränen entwickelt. Dominiert von Rotbuchen wachsen hier auch Eichen, Hainbuchen und Ulmen. In feuchten Senken und im Einzugsbereich der Seen breiten sich mystisch wirkende Erlenbrüche und interessante Moore aus. In dieser Landschaft wurden mit Gründung des Biosphärenreservates einige Abschnitte zu Kernzonen erklärt. Das sind Naturschutzgebiete, in denen sich die Natur, völlig unbeeinflusst vom Menschen, frei entwickeln kann.

Kranichtänze und Unkenrufe

Der größte Schreitvogel unserer Breiten, der Graue Kranich, erreicht im Biosphärenreservat Schorfheide-Chorin seine höchste

KRANICH GRUS GRUS
Der Schreitvogel erreicht eine Höhe von 1,10 bis 1,30 Meter

Brutdichte in Europa. Ihn ziehen die ungezählten Erlenbrüche, Moore und Feldsölle an. Kraniche sind Bodenbrüter. Ihre Gelege und Jungvögel sind deswegen besonders durch Füchse, Wildschweine und Marderhunde gefährdet. Deswegen legen sie ihre Nester, flache Hügel aus Pflanzenmaterial, gerne in den Mooren und Sümpfen an. Dort finden sie die Ungestörtheit und Sicherheit, um im Sommer ihre Jungvögel aufzuziehen.

Die temperamentvollen Revierkämpfe und die eindrucksvolle, feierlich vorgetragene Balz der Tiere sind ein besonderes Erlebnis für jeden Betrachter.

Doch schon vorher, bereits im Februar und bis in den Oktober, mitunter November hinein, sind die imposanten Tiere in den Offenlandschaften zu erblicken. Wer sie übersieht, der hört sie ganz sicherlich. Das Trompeten der Kraniche ist für die Einwohner ein ersehntes Frühlingszeichen. Und auch im Herbst, wenn die großen Züge westwärts ziehen, lassen sie noch ihren lauten, anrührenden Ruf zurück.

Zur Zeit der Balz im Frühjahr zeigen die Kraniche besonders am frühen Morgen ihre fantastischen Tänze. Einzelne Tanzelemente sind zickzack- und bogenförmige Läufe und typische Luftsprünge. Oft werden dabei Steine und Pflanzenteile hochgeworfen. Als auffälliger Schmuck dienen den Großvögeln die inneren verlängerten Armfedern.

Die Brutperiode beginnt Ende März. Nach rund einem Monat schlüpfen die Jungen. Als Nestflüchter verlassen sie sehr schnell das Nest. Nach neun bis zehn Wochen können sie fliegen. Ab Mitte August versammeln sie sich auf den Rastplätzen, auf denen sich später auch die Altvögel einfinden. Der Familienverband bleibt auch während des Zuges erhalten.

Viel kleiner, aber auch sehr stimmgewaltig sind Laubfrosch und Rotbauchunke, zwei Amphibien, deren Vorkommen im Schutzgebiet von Bedeutung für ganz Europa ist. Wenn im Mai und Juni das Klingen der Unkenstimmen über der Feldmark liegt, ist dieses Naturschauspiel den vielen kleinen, oft kreisrunden wassergefüllten Feldsöllen zu verdanken. Es gibt sie, seit die Gletscher dort Eisbrocken zurückließen, die austauten und durch

LAUBFROSCH
Blumiger Ausblick

ROTBAUCHUNKE
Typische rötliche Flecken

die undurchlässige Tonsohle auch auf Dauer ihr Wasser behielten. Hier ist die Kinderstube von Frosch und Unke, und je mehr Sölle in der Nähe, desto lauter tönt das "Räp-räp" der kleinen grasgrünen Frösche an lauen Sommerabenden.

Kulturlandschaft – eine menschliche Leistung

Das jahrhundertelange Wirken des Menschen hat dieser Landschaft seinen Stempel aufgedrückt. Er hat sie nach eigenen Bedürfnissen gestaltet und verändert, dabei oft auch für Tiere neuen Lebensraum geschaffen. So sind die für das Biosphärenreservat typischen Kopfweiden willkommene Unterkunft für eine Reihe von Insekten, ihre Höhlen Brutplätze für Vögel. Die Ernte der Weidenruten zur Korbflechterei ist heute kaum noch üblich. Die Kopfweidenpflege wird durch Förderprogramme finanziert. Anderenfalls würden die Bäume unter dem Gewicht ihrer rasch wachsenden Äste zusammenbrechen.

Auf 28 Prozent der gesamten landwirtschaftlichen Nutzfläche im Biosphärenreservat Schorfheide-Chorin wird heute ökologischer Landbau betrieben. Ökolandbau gibt deutlich mehr Menschen Arbeit als die Intensivlandwirtschaft. Der bekannteste ökologisch produzierende Landwirtschaftsbetrieb ist das Ökodorf Brodowin. Das Dorf ist nicht nur wegen seines Ökobetriebs mit eigener Verarbeitung und Vermarktung eine beliebte Besucheradresse. Die Lage zwischen sieben großen Seen, die Naturausstattung der Umgebung und nicht zuletzt das kulturelle Angebot von Brodowin machen einen Besuch mehr als empfehlenswert.

Noch eine Besonderheit charakterisiert gerade auch das Biosphärenreservat Schorfheide-Chorin: die Alleen. Windschutz und Schatten spendend, stehen Eichen, Ahorne, Linden und Kastanien entlang der Straßen und geben ihnen ein ganz eigenes Gepräge. Bewundert, gelobt und geliebt von Gästen, haben sie einen schweren Stand im eigenen Land. Dem einen stehen sie beim Straßenbau im Weg, der andere fürchtet herabfallende Äste, und so dünnen die kilometerlangen Netze immer mehr aus. Alleen brauchen inzwischen Schutz und Fürsprecher.

Reisen und Bleiben

Die Anwesenheit von vielen selten gewordenen Tieren und Pflanzen deutet auf die weitgehende Ausgewogenheit und Ungestörtheit von Lebensräumen hin. Die offenen Landschaften unter hohem Himmel wie im Norden des Biosphärenreservates sind mit ihren Hügeln, Bächen, den Wäldchen und Hecken und den zahlreichen Seen wie geschaffen, um Raum für Erholungssuchende zu bieten.

Freizeitaktivitäten haben breiten Raum. Der Seenreichtum sorgt für Bademöglichkeiten, Angler finden ihr Plätzchen, und Reiter haben die Wahl zwischen Wald- oder Feldspazierritt.

Das Wegenetz im Schutzgebiet ist wie geschaffen für Fahrradfahrer und Wanderer. Als günstige Ausgangsorte für Touren ins Biosphärenreservat sind in erster Linie Niederfinow, Chorin, Groß Schönebeck, Joachimsthal, Ringenwalde, Milmersdorf, Warnitz und Angermünde zu empfehlen. Alle diese Orte sind von Eberswalde aus gut mit der Bahn zu erreichen. Anger-

münde ist zudem auch der Ausgangspunkt, um zum Hauptinformationszentrum des Biosphärenreservates, dem Besucherzentrum des Naturschutzbundes Deutschland (NABU) Blumberger
Mühle, zu gelangen.

Zahlreich noch die Rad- und Wanderwege, die in ihrer cha-
raktervollen Naturbelassenheit durchaus Einschränkungen beim
Fahrkomfort mit sich bringen, sandige Wege oder Kopfstein-
pflaster zwingen so manchen Radfahrer auch zum Absteigen.
Das erscheint aber als ein geringer Tribut für das stimmungsvol-
le Erlebnis der alten Kulturlandschaft.
Immer dichter wird aber auch das Netz von asphaltierten
Radwegen, kein Gewinn für das Landschaftsgepräge, durchaus
aber für den tempobewussten (Renn-)Radler.

Außergewöhnliche Angebote gibt es zum Beispiel im Café
im Gutshaus Friedenfelde, ein ehemaliger Besitz der Familie von

WANDERWEG AM ZENS
An vielen Seen reicht der Wald bis an die Uferkante

Arnim, oder das Gasthaus am Speicher in Parlow: Vollwertkost und regionale Küche.

Das kleine Dorf Glambeck mit weit unter hundert Einwohnern präsentiert sich als Kulturerlebnisort. Ein Dorfmuseum zeigt Regionalgeschichte liebevoll und sachkundig aufbereitet. Die bescheidene Fachwerkkirche ist Konzertstätte mit internationalem Flair und Ausstellungsraum für einheimische Künstler, und der kleine ehemalige Gutspark offeriert seinen sanierten Eiskeller den Fledermäusen als Winterschlafplatz.

Neben dem Kloster Chorin bietet das Biosphärenreservat weitere Zeugnisse von Baukunst, Geschichte und technischen Leistungen. Nicht weit entfernt zieht das Schiffshebewerk in Niederfinow seit seiner Fertigstellung Mitte der dreißiger Jahre im zwanzigsten Jahrhundert zahllose Besucher an, die staunend vor dem gewaltigen Bauwerk stehen. Ausgeklügelte Technik lässt Lastschiffe mit einem Fingerschnipps in einer großen Badewanne nach oben oder unten schweben: 36 Meter Niveauunterschied sind von den Hängen des Barnim nach unten ins Niederoderbruch zu überwinden.

In den kommenden Jahren wird eine Riesenbaustelle gleich daneben für Aufmerksamkeit sorgen: die großen Schiffe der Moderne machen den Neubau eines noch größeren Schiffslifts notwendig.

KLOSTER CHORIN
Das Zisterzienserkloster ist heute ein kultureller Treffpunkt

In der westlich gelegenen Schorfheide lockt der Werbellinsee. Sein blaues, bis zu 56 Meter tiefes Wasser beherbergt die Kleine Märane, einen delikaten Fisch, der frisch gefangen in den Gaststätten am See verzehrt werden kann.

Wanderungen mit der Naturwacht des Biosphärenreservates durch die Wälder führen zu den uralten, knorrigen Huteeichen. Die eigenwilligen Baumgestalten, Zeugen einer vergangenen Wirtschaftsform, als die Bauern ihr Vieh zur Eichelmast unter die Bäume trieben, faszinieren den Betrachter.

Refugium für Vertriebene

Die ausgedehnten Wälder dieser Region, insbesondere die Schorfheide, waren seit altersher die Jagdreviere mächtiger Adelsfamilien und Regierungen. Egal ob brandenburgische Markgrafen, Kaiser, die Machthaber des Dritten Reiches oder Politbürokraten der DDR-Regierung, sie alle frönten in der Schorfheide ihrer Jagdleidenschaft. Viele dieser Jagden musste man wohl eher als inszeniertes Schauspiel verstehen. Die künstlich überhöhten Wildbestände machten die Jagd manches Mal zu einer makabren Orgie. Spuren dieser etwas eigenartigen Nutzungsform kann man heute noch in der Schorfheide entdecken. Überall dort, wo Kaiser Wilhelm II. ein kapitales Stück Wild erlegte, wurde ihm ein Gedenkstein gewidmet. Das traditionsreiche Jagdschloss Hubertusstock dient heute als Hotel in der Nähe des Werbellinsees.

Die unnatürlich hohen Wildbestände aus dem hochherrschaftlichen Jagdzeitalter sind heute noch spürbar. Die vielen Verbissschäden an jungen Bäumen lassen kaum eine natürliche Waldverjüngung zu. Heute bemühen sich die Jäger, diese Wildbestände auf ein natürliches Maß zurückzudrängen. Eine schwierige Aufgabe, die aber auch eine gute Seite hat: Wildbret aus der Schorfheide ist ein begehrter Artikel.

Elch, Wisent und Wolf sind zwar aus der Landschaft längst verschwunden – wer sie trotzdem sehen will, kann dem Wildpark Schorfheide bei Groß Schönebeck einen Besuch abstatten. Er wird vielen wilden und einigen zahmen Tieren begegnen. Die vielfältigen Umweltbildungsangebote des Parks sind vorbildlich, der Park mit Abenteuerspielplatz, Streichelgehege und Möglich-

keiten zum Stockkuchenrösten über dem Lagerfeuer ein wahres Kinder- und Familienparadies.

Wohnen und Leben

Nur drei kleine Städte liegen im Biosphärenreservat, neben gut sechzig Dörfern, knapp 30.000 Einwohner leben in Brandenburgs zweitgrößtem Schutzgebiet.

Bebersee, ein kleines Örtchen an der B 109, bietet jedes Jahr Kunstwochenenden an, dort leben und arbeiten inzwischen mehrere Künstler. Geöffnete Ateliers, Ausstellungen und Pleinairs ziehen – nicht nur hier – Gäste an.

In Joachimsthal, der zentral gelegenen Stadt, ist ein Netz von Kunst- und Kulturstätten entstanden. Alle überragt der alte Wasserturm, der seit Sommer 2006 öffentlich begehbar ist. Lift und Treppe erlauben das Erklimmen, und bei klarem Wetter ist der Berliner Fernsehturm mit bloßem Auge zu erkennen.

Die Geopark-Inititative im Raum Groß Ziethen – Joachimsthal zeigt die Eiszeitgeschichte anschaulich dort, wo sie stattgefunden hat. Alte Kiesgruben, grobe Blockpackungen mit großen Findlingen machen begreiflich, was „damals" hier vorging.

Heute können Besucher jedes Jahr im September auf dem großen Herbstfest im Hauptinformationszentrum Blumberger Mühle bei Angermünde jede Menge köstliche und nützliche Angebote erleben. Und jedes Jahr wird dort auch wieder der Kürbiskönig neu gekrönt.

Besucherinformation

NABU-Informationszentrum Blumberger Mühle
Blumberger Mühle 2   16278 Angermünde
Fon 03331 260 40
www.blumberger-muehle.de

Anfahrt
Regionalexpress RE 3 nach Bhf. Angermünde, von dort
Shuttleverkehr mit „Biberbahn" zur Blumberger Mühle.

Autobahn A 11 Abfahrt Joachimsthal über Angermünde, Kerkow,
Görlsdorf zur Blumberger Mühle.

Bürgerbüro des Biosphärenreservates Schorfheide-Chorin
Töpferstr. 1   16347 Joachimsthal
Fon 033361 633 80
www.schorfheide-chorin.de

Reiseführer

Landesumweltamt Brandenburg (Hrsg.), Radeln & Wandern im
Biosphärenreservat Schorfheide-Chorin, Angermünde 2004

Landesumweltamt Brandenburg (Hrsg.), Entdecken & Beobachten
im Biosphärenreservat Schorfheide-Chorin, Angermünde 2005
(erhältlich in den Besucherzentren des Biosphärenreservates
Schorfheide-Chorin)

Bildband

Pape, K., Henne, E., Marklein, G., Schorfheide-Chorin, Ein Biosphärenreservat in der Mark Brandenburg. Ein Bilderbuch,
Bismark 2000, ISBN 3-929743-10-8

Karte

Landesvermessung und Geobasisinformation Brandenburg, Wirt-
schafts- und Tourismusentwicklungsgesellschaft des Landkreises
Barnim (Hrsg.), Topografische Freizeitkarte 1:30.000 Schorfheide
(Freizeitkarten Barnimer Land), Potsdam 2005,
ISBN 3-7490-4155-5

6   GRENZÜBERSCHREITUNGEN

Es ist noch früh am Morgen. Mit lautem Klatschen ihrer Füße und heftig mit den Flügeln schlagend laufen zwei Höckerschwäne über das Wasser, setzen zum Flug an. Mit kraftvollen Schlägen gewinnen sie allmählich an Höhe. Am bisher stillen Oderufer wird es lebendig. Eine Rohrammer fliegt aufgeregt von Schilfhalm zu Schilfhalm. Nachdem ein einzelner Seefrosch mit seinem typischen „Quak, quak" die Stille unterbrochen hat, beginnt das laute vielstimmige Konzert seiner Artgenossen. So plötzlich wie die grünen Springer begonnen haben, verstummt das Geschwätz, und am Ufer ist es schlagartig ruhig. Im feuchten Deichvorland ist ein Weißstorch gelandet und schreitet auf der Suche nach Fröschen und kleinen Fischen vorsichtig das Terrain ab. Flink schwirren die ersten Libellen vorbei, ständig bemüht, die gleiche Sitzwarte zu besetzen. Sie tragen so wohlklingende Namen wie Azurjungfer, Granatauge, Mosaikjungfer, Smaragd- und Prachtlibelle. Aus der Wiese dringt in Abständen ein kurzes schnarrendes „Crex, crex". Die merkwürdigen Geräusche sind hier zum Sommeranfang oft zu vernehmen. Es sind die Rufe des Wachtelkönigs. Ganz nah raschelt es kurz im Gras. Geschmeidig und lautlos gleitet eine Ringelnatter vorbei. Kein Grund, den Beobachtungsplatz zu verlassen, sie ist harmlos.

Spannende Naturbeobachtungen im Nationalpark sind zu jeder Jahres- und Tageszeit möglich. Und jährlich lockt der Auen-Nationalpark an der Oder mehr Besucher an.

Natürliche Nachbarschaft

Das untere Odertal ist eine Flussniederung von 60 Kilometern Länge zwischen Hohensaaten im Süden und Szczecin (Stettin) im Norden. Die fast 10.000-jährige Geschichte dieses Tals reicht bis in das Pommernstadium der Weichseleiszeit zurück. Die drei bis fünf Kilometer breite Niederung wird von Grund-

MORGENNEBEL IN DER AUE
Einzigartige Stimmung zu den Dämmerzeiten des Tages

und Endmoränen bzw. Talsandterrassen gesäumt. Heute liegt das untere Odertal im Grenzraum von Deutschland (Brandenburg) und Polen.

Das jetzige Schutzgebietssystem an der unteren Oder besteht aus dem Nationalpark Unteres Odertal (10.500 Hektar) und den polnischen Landschaftsschutzparks Unteres Odertal (Park Krajobrazowy Dolina Dolnej Odry, 6.009 Hektar) und Zehden (Cedynska Park Krajobrazowy, 30.850 Hektar).

Alle drei Schutzgebiete bilden eine naturräumliche Einheit. Der südliche, deutsche Teil der Flussaue wird zum großen Teil durch Polder- und Weidewirtschaft charakterisiert, während der nördliche, polnische Teil aus einer unbewirtschafteten Niedermoorlandschaft besteht. Der Landschaftsschutzpark von Cedynia, ein geschlossenes Waldgebiet, schließt südöstlich an den deutschen Nationalpark an. Die Schutzgebiete beiderseits der Oder unterstehen eigenen Verwaltungen, die jedoch eng zusammen arbeiten.

Noch vor der Gründung der Landschaftsschutzparks Dolina Dolnej Odry und Cedynia (1993) und des Nationalparks Unteres Odertal (1995), unterzeichneten die Umweltminister Polens, Deutschlands und Brandenburgs sowie der Woiwode von Stettin (Szczecin) im Mai 1992 eine gemeinsame Erklärung, in der sie sich verpflichteten, im unteren Odertal ein grenzüberschreitendes, an den Kriterien der Internationalen Union zur Bewahrung der Natur (IUCN) orientiertes Schutzgebiet zu gründen, den deutsch-polnischen „Internationalpark Unteres Odertal".

ODERALTARM MIT AUWALD
Flussauen gehören zu den am stärksten bedrohten Landschaften

ÜBERFLUTETE POLDER
Offene Wasserflächen sind auch im Winter von Vögeln bevölkert

Der Fluss des Lebens

Weiträumige Auen wie das untere Odertal zählen zu den artenreichsten Lebensräumen Mitteleuropas. Flüsse sind, Lebensadern gleich, Ausbreitungswege für viele Arten. Auen als Heimat seltener und vom Aussterben bedrohter Pflanzen und Tiere sind heute Schwerpunktgebiete für den Naturschutz. Als Refugien für eine große Zahl heimischer und wandernder Tierarten hat das untere Odertal eine überregionale Bedeutung.

Der Nationalpark ist vor allem als Brut-, Rast- und Überwinterungsgebiet seltener und gefährdeter Vogelarten bekannt. Bis zu 35.000 Blessgänse, 15.000 Saatgänse und ebenso viele Stockenten, 3.500 Pfeifenten, 4.000 Krickenten und 2.500 Spießenten wurden hier rastend gezählt. Bis zu 200.000 Vögel in 45 verschiedenen Wasservogelarten ziehen im Herbst oder Frühjahr durch die Oderniederung. Alljährlich im Oktober suchen für einige Wochen bis zu 15.000 Kraniche im nördlichen Odertal ihre Schlafplätze auf – ein eindrucksvolles Schauspiel, zu erleben auf geführten Wanderungen der Naturwacht.

Als bedeutende Vogelzugtrasse für die europäische Vogelwelt wurden große Teile des unteren Odertals bereits 1980 als Feuchtgebiet von internationaler Bedeutung (FIB) nach der Ramsar Konvention von 1971 unter Schutz gestellt. In den vergangenen Jahren beobachteten Ornithologen im unteren Odertal 285 Vogelarten, von denen gegenwärtig etwa 110 hier brüten.

Besonders die zum Nationalpark gehörenden waldreichen Talrandhänge sind als Brutgebiet seltener und vom Aussterben bedrohter Großvögel wie See- und Fischadler, Kranich und Schwarzstorch bekannt. Der Seggenrohrsänger, ein Indikator intakter Moor- und Flusslandschaften, hat im Nationalpark sein letztes Vorkommen in Deutschland und der als Wiesenbrüter bekannte Wachtelkönig hat im unteren Odertal sein größtes deutsches Brutvorkommen.

Zu den Besonderheiten der über 40 Arten umfassenden Fischfauna zählen nicht nur Wels und Meerforelle sondern auch kleinere Arten, wie Steinbeißer und Bitterling. Das heute nur noch vereinzelt vorkommende Flussneunauge gehört zu den Rundmäulern und wurde bis vor 80 Jahren in großer Zahl geröstet als „Schwedter Lamprete" in Berlin verkauft. Der Stör, vor mehr als einhundert Jahren hier ausgestorben, wird aufgrund des ersten in Deutschland geplanten Wiederansiedlungsprojektes schon bald wieder in der Oder schwimmen. Die Auswertung wissenschaftlicher Arbeiten ergaben für den Nationalpark Unteres Odertal 2.949 Tier- und 1.732 Pflanzenarten.

AUENLANDSCHAFT IM WECHSEL DER JAHRESZEITEN
Die Grenzen zwischen nass und trocken sind „fließend"

NASSPOLDER ALS ÜBERFLUTUNGSFLÄCHEN
Hier steht das Wasser von Herbst bis Frühjahr

Mal nass, mal trocken – die Dynamik der Aue

Das Landschaftsbild im unteren Odertal wird seit jeher durch die stark schwankenden Wasserstände der Oder geprägt. Die in den Ostsudeten entspringende Oder führt in der Regel jährlich zwei Hochwasserwellen ab: ein Winter- bzw. Frühjahrshochwasser, das durch die Schneeschmelze in den Gebirgslagen ausgelöst wird, und ein etwas schwächeres Sommerhochwasser, das auf Niederschläge im oberen und mittleren Einzugsgebiet der Oder zurück geht.

Bevor der Mensch das untere Odertal durch wasserbauliche Maßnahmen veränderte, wurde das Leben in der Aue allein durch die Flussdynamik bestimmt. In der mit feinkörnigen Lockergesteinen bedeckten Talniederung befand sich ein noch vielfältigeres Landschaftsmosaik als heute. Durch das Wechselspiel von Abtragung und Anlagerung veränderten die zahlreichen und verzweigten Wasserarme der Oder ständig ihre Lage. Röhrichte, Großseggenriede, Niedermoore, Mandel- und Bruchweidengebüsche, Auenwälder mit Silberweiden, Schwarzpappeln und Flatterulmen – die so genannten Weichholzauen – und Hartholzauenwälder, in denen Eichen und Eschen vorherrschen, dominierten gegenüber den Feuchtwiesen.

Flussauen wie das untere Odertal sind selten geworden und gehören zu den am stärksten bedrohten Landschaften Europas. Im Unterschied zu anderen mitteleuropäischen Flüssen gibt es an der Oder noch großflächig regelmäßige Überflutungen. Das untere Odertal zählt deshalb zu den natürlichsten Auenlandschaften Deutschlands.

Mit den Arbeiten zur Oderregulierung seit Mitte des 19. Jahrhunderts verwandelten sich große Teile der Niederung mehr und mehr in eine Kulturlandschaft. Das in der Zeit von 1906 bis 1928 nach holländischem Vorbild errichtete Poldersystem reguliert bis heute in zwei Dritteln der Niederung den Wasserstand. Der südliche deutsche Teil umfasst einen 1.680 Hektar großen Trockenpolder zwischen Lunow und Stützkow und drei nördlich davon gelegene Nasspolder bei Criewen, Schwedt und Friedrichsthal mit einer Gesamtfläche von 4.720 Hektar. Hinzu kommen einige Randpolder.

Im polnischen Norden wurde das seit dem Frühjahr 1945 zu großen Teilen zerstörte Poldersystem zwischen Widuchowa (Fiddichow) und Szczecin (Stettin) nicht wieder instandgesetzt. So konnte sich zwischen der Ost- und der Westoder auf einer Fläche von 6.009 Hektar in den letzten Jahrzehnten die früher für die gesamte Oderniederung ursprüngliche Auenlandschaft entwickeln.

Die funktionstüchtigen Nasspolder können im Winterhalbjahr bis zu 130 Millionen Kubikmeter Wasser aufnehmen. Das Oderwasser strömt dann in der gesamten Talbreite nach Norden. Als Retentionsbecken der besonders im Frühjahr auftretenden Niederschlags- und Schmelzwässer aus dem Einzugsbereich des Flusses gewähren sie einen natürlichen Hochwasserschutz. Dies wurde beim Sommerhochwasser 1997 besonders deutlich.

Auf dem Weg zur Naturlandschaft

Die eingedeichten Wiesen der Odertalaue wurden bis Mitte des 20. Jahrhunderts vor allem zur Heugewinnung genutzt. Trotz intensiver Nutzung zur Futtergewinnung in DDR-Zeiten entwickelten sich entlang der Altwasserarme erste Auwälder und Weidengebüsche. Sprosser, Dorngrasmücke, Weiden- und Beutelmeise sowie der Pirol nisten in den Stockwerken des Auwaldes. Die

PIROL AM KUNSTVOLL AUFGEHÄNGTEN NEST
Wegen seines Rufes wird er auch „Vogel Bülow" genannt

JUNGER SEEADLER
In Brandenburg brüten gegenwärtig 116 Seeadlerpaare

Kormorane begründeten eine kleine Kolonie, in der heute 800
Paare brüten. Seeadler beginnen in den ältesten Baumbeständen
ihre Horste zu errichten. Das Wiederentstehen der Auwälder veränderte das Artenspektrum der Niederung. Seit 2005 vergrößern
Initialpflanzungen die Auwaldflächen. Mit der Ansiedlung der
Schwarzpappel kehrt zudem eine seltene und vom Aussterben
bedrohte Baumart in die Niederung zurück.

Das heutige Landschaftsmosaik aus Auwäldern, Erlenbrüchen,
Röhrichten und Rieden, Feuchtwiesen und moorigen Senken,
Tümpeln, Weihern, Altarmen und Spülfeldern schafft eine beeindruckende Vielfalt. Das untere Odertal steht seit der Errichtung
des Poldersystems jährlich fast sechs Monate unter Wasser. Das
durchströmende Wasser düngt die Wiesen, regeneriert die Fisch-
bestände und verändert die Bodenstruktur und mit ihr die Fauna
und Flora. Diese Dynamik als ein Entwicklungsziel des Nationalparks belebt die Niederung und führt zu einem vom Menschen
wenig beeinflussten, ständigen Wechseln unterworfenen Artenspektrum.

Mit der Gründung des Nationalparks und der Ausweisung
von Flächen für die Schutzzone I gewinnen diese dynamischen
Prozesse an Bedeutung. Sie werden die Ausbreitung von Wildnis
fördern. Sichtbares Zeichen dieser Entwicklung ist bereits die
Wiederbesiedlung des Tals durch den Biber. Seit 1990 breitet er

sich vom nördlichen polnischen Landschaftsschutzpark kommend nach Süden im deutschen Nationalpark aus. Als einziges Säugetier gestaltet er seinen Lebensraum durch Anlegen von Burgen und Dämmen selbst und beeinflusst nicht unwesentlich das Landschaftsbild. Als größtes europäisches Nagetier besiedelt er stehende und fließende Gewässer mit reichem Uferbewuchs. Mit seinen kräftigen Schneidezähnen kann er 70 Zentimeter dicke Bäume fällen. Seine Lieblingsnahrung sind Weiden und Pappeln, die typischen Bäume der Weichholzauen in der Oderniederung. Im Nationalpark gibt es heute bereits 44 Ansiedlungen mit über 100 Bibern. Vielerorts sind die Spuren seines nächtlichen Treibens sichtbar, und mit ein wenig Glück ist er auch zu beobachten.

Erlebnis Nationalpark

Im unteren Odertal hat jede Jahreszeit ihre besonderen Reize. Während im Herbst, in tiefen Nebel gehüllt, die großen Gänse- und Kranichschwärme durch die Niederung ziehen, überwiegt in kalten Wintern die Stille unter den mit Reif bedeckten

WINTER IN DER ODERAUE
Harte Zeit für die Natur

C-FALTER
Gehört zu den Edelfaltern

NATURWACHT BRANDENBURG
Ansprechpartner für Besucher der Großschutzgebiete

Weiden und der fast lautlose Eisgang auf der Oder. Das erwachende Frühjahr lockt lärmende Vogelschwärme in die Auen. Kiebitz, Brachvogel und Kampfläufer rasten in den feuchten Wiesen. Im Sommer beeindrucken viele Uferzonen der Altarme mit ihrer bezaubernden Blütenpracht der Sumpf- und Wasserpflanzen. Die Oderniederung lädt abseits vom Verkehrslärm zu ausgedehnten Wochenendausflügen ein: 120 Kilometer Deiche stehen den Besuchern zum Radfahren und Wandern zur Verfügung. In den Sommermonaten, nach Ablaufen des Hochwassers, kommen noch Rundwege durch die Niederung hinzu. Die Nationalparkgemeinden sind über den Oder-Neiße-Radweg, der durch den gesamten Nationalpark führt, erreichbar. Gaststätten servieren regionaltypische, uckermärkische Gerichte, Leihfahrräder oder Kremserfahrten können von den Besuchern der weiträumigen Auenlandschaft gebucht werden.

Durch das hügelige Terrain am Rand der Niederung mit ihren Laubmischwäldern führen beschilderte Wanderwege, Lehrpfade bieten Informationen im Vorübergehen an, alte Baumbestände laden zu gemütlichen Spaziergängen ein. Die Grenzübergänge in Schwedt, Mescherin und Rosow erleichtern die Erreichbarkeit der ursprünglichen Landschaften auf polnischer Seite. Und wer unter fachkundiger Begleitung Wissenswertes zur Tier- und Pflanzenwelt, zur Funktion der Auenlandschaft und zum Hochwasserschutz erfahren will, dem bieten Naturwächter oder Natur- und Landschaftsführer das ganze Jahr über entsprechende Führungen an. Zusätzlich finden an den Wochenenden organisierte Rad- und Fußwanderungen, sowie im Winterhalbjahr öffentliche Wasservogelzählungen statt.

Aussichten auf den Vogelzug

Der Nationalpark ist eine der bedeutendsten Vogelzugtrassen in Europa. Für viele Wat- und Wasservögel ist er ein wichtiges Durchzugs-, Rast- und Überwinterungsgebiet. Mehr als 200.000 Vögel 45 verschiedener Wasservogelarten ziehen im Frühjahr oder Herbst durch das Gebiet. Neben den vielen Enten, Gänsen und Schwänen sind im Frühjahr die eintreffenden Wiesenbrüter besonders auffällig. Häufig können jetzt in großen Ansammlungen Kiebitze, Bruchwasserläufer, Bekassinen und Kampfläufer beobachtet werden. Aber auch der Große Brachvogel, Rotschenkel und Flussuferläufer sind im Nationalpark anzutreffen. Viele von ihnen verbringen als Brutvögel auch den Sommer hier. Der herbstliche Vogelzug hingegen wird von einer anderen Großvogelart bestimmt. Anfang Oktober suchen täglich bis zu 15.000 Kraniche im nördlichen Odertal ihre Schlafplätze auf. Hinzu kommen Tausende durchziehender Wildgänse.

Es ist immer wieder eines der beeindruckendsten Naturschauspiele, wenn im Herbst in der Abenddämmerung die Kraniche von ihren Äsungsflächen auf den abgeernteten Feldern zu den Schlafgewässern einfliegen. Dunkel zeichnen sich dann ihre Silhouetten gegen das Abendrot des Himmels ab. Kräftige Flügelschläge verhelfen den eleganten Großvögeln zu einer beachtlichen Fluggeschwindigkeit. Unaufhörlich ertönen die Flugrufe „Krru, krru", die ihrem lateinischen Namen „Grus grus" sehr ähnlich sind. Dazwischen ist das helle Pfeifen der Jungvögel zu vernehmen. Über dem Schlafgewässer werden oft erst noch einmal ein paar Flugrunden gedreht. Dann lässt sich die Schar allmählich auf der flachen Wasserstelle nieder.

Die beiden Aussichtstürme bei Gartz und Schwedt bieten nicht nur einen fantastischen Blick auf den Oderstrom. Von hier aus kann auch das ganze Jahr über die Tierwelt im Nationalpark beobachtet werden. Vom Turm an der Oder nahe der Stadt Schwedt ist die Beobachtung der Tier- und Pflanzenwelt in einem belebten Oderaltarm im Frühling und Sommer besonders empfehlenswert. Im Winterhalbjahr beeindruckt vor allem der weite Blick auf die überflutete Oderniederung. Von zwei Aussichtsetagen des Gartzer Turmes sind ab Anfang Oktober früh morgens der Ab- und mit dem Sonnenuntergang der Anflug der Kraniche besonders gut zu beobachten. Ganzjährig lohnt sich von hier vor allem die Beobachtung von Wasservögeln. Die Türme sind regelmäßig Ziel von Führungen und Exkursionen der Naturwächter. Sie können aber auch individuell genutzt werden.

Nationalparkzentrum im Criewener Schlosspark

Das Schloss Criewen und die Gebäude des früheren Guts-hofes wurden in den vergangenen Jahren aufwendig rekonstruiert. Sie beherbergen heute das Nationalparkzentrum mit dem Deutsch-Polnischen Umweltbildungs- und Begegnungszentrum der Nationalparkverwaltung, der Naturwacht und einer Umweltbibliothek. Das Besucherzentrum des Nationalparks ist im ehemaligen Schafstall des Anwesens untergebracht.

In dem von Peter Joseph Lenné um 1820 angelegten etwa zehn Hektar großen Landschaftspark am Schloss steht noch heute die alte Dorfkirche, deren Ursprung bis in das 13. Jahrhundert reicht. Als Rittmeister von Arnim 1816 mit dem Bau des Herrenhauses begann, wurde das alte Dorf um die Kirche abgetragen, die neuen Häuser wurden an der Straße nach Schwedt errichtet. Die Alte Gutsgärtnerei ist heute ein ökologischer Schau- und Lehrgarten. Dort sind alte, für die Region typische Kultur- und Wildpflanzen – Kräuter, Obst- und Gemüsesorten – zu besichtigen.

Die Hauptattraktion in Criewen ist aber ohne Frage die Ausstellung im Nationalparkhaus, die jedem Besucher die Möglichkeit bietet, selbst aktiv zu werden. Landschaftsmodelle und Moorprofile zeigen das untere Odertal im Wandel der Zeiten. Im großen Oder-Aquarium schwimmen Hecht, Aland, Rapfen, Zander

JUGENDGRUPPE AUF ENTDECKUNGSTOUR
Mit dem Fahrrad als idealem Fortbewegungsmittel

und sogar Störe, aber auch so kleine Arten wie Steinbeißer, Stichling und Bitterling. Am Poldermodell können Besucher Deichgraf spielen und die Auen fluten. Täglich finden im Nationalparkhaus fachkundige Führungen statt.

Nationalpark-Entdeckungen per Muskelkraft

Die 50 Kilometer Nord-Süd-Ausdehnung des Nationalparks kann auf dem neuen Uferradweg zwischen Stolpe und Gartz durchquert werden. Er führt als Teil des Oder-Neiße-Radwanderweges durch den Nationalpark und bietet ständig wechselnde Panoramen der Auenlandschaft. Auch Inline-Skater wissen den asphaltierten, meist auf der Deichkrone verlaufenden Weg, zu schätzen. Insgesamt stehen dem Nationalparkbesucher über 200 Kilometer ausgeschilderte Rad- und Wanderwege zur Verfügung. Die Gaststätten der Region bieten typisch uckermärkische Gerichte an. Fahrräder können ausgeliehen werden. Auch auf dem Kremser, dem Pferdewagen, können Besucher die einzigartige Landschaft des unteren Odertals erleben. Der Grenzübergang bei Schwedt führt zu den benachbarten polnischen Landschaftsschutzparks.

BUCHBARE KREMSERTOUREN
Ohne Anstrengung Natur und Landschaft genießen

Die Ruhe, Weite und Einsamkeit in Deutschlands einzigem Auen-Nationalpark ist das ganze Jahr über besonders in den frühen Morgenstunden auf den Wanderwegen der Deiche zu erleben. Im Frühjahr und Sommer, wenn das abfließende Winterhochwasser der Oder die Auenwiesen frei gibt, sind zusätzlich viele Rundwege durch die Niederung nutzbar. Ausgeschilderte Wander- und Lehrpfade durch Laubmischwälder bieten sich im hügeligen Terrain für Spaziergänge im Schatten alter Baumbestände an. Mitarbeiter der Brandenburger Naturwacht und des Nationalparks führen an fast allen Wochenenden im Jahr Erlebniswanderungen und Exkursionen durch. Zusätzlich können Gruppen auf Anmeldung Ausflüge in den Nationalpark und Vorträge im Nationalparkzentrum buchen.

NATIONALPARK UNTERES ODERTAL

Besucherinformation
Besucherzentrum Nationalparkhaus
Park 2   16303 Schwedt (Oder)   Ortsteil Criewen
Fon 03332 267 72 44
www.unteres-odertal.de

Anfahrt
Regionalexpress RE 3 nach Bhf. Angermünde und Bhf. Schwedt
(Mitte), von dort Bus 468 nach Criewen

B 2 zwischen Angermünde und Schwedt, Abzweig nach Criewen

Führungen und Exkursionen
Fon 03332 267 72 00

Tourismusinformation
Tourismusverein „Am Unteren Odertal" e. V.
Berliner Straße 47   16303 Schwedt
Fon 03332 255 90   Fax 03332 25 59 59

Tourismusverein Angermünde e. V.
Brüderstraße 20   16278 Angermünde
Fon 03331 29 76 60   Fax 03331 29 76 61

Literatur
Vössing, A., Blutke, G., Nationalparksymphonie Unteres Odertal,
Berlin 2005, ISBN 3-9810032-1-7.

Rada, U., Die Oder – Lebenslauf eines Flusses, Berlin 2005,
ISBN 3-378-01079-7

Karte
Landesvermessung und Geobasisinformation Brandenburg (Hrsg.),
Topografische Freizeitkarte 1:50.000 Nationalpark Unteres Oder-
tal mit Wanderwegen, ISBN 3-7490-4099-0

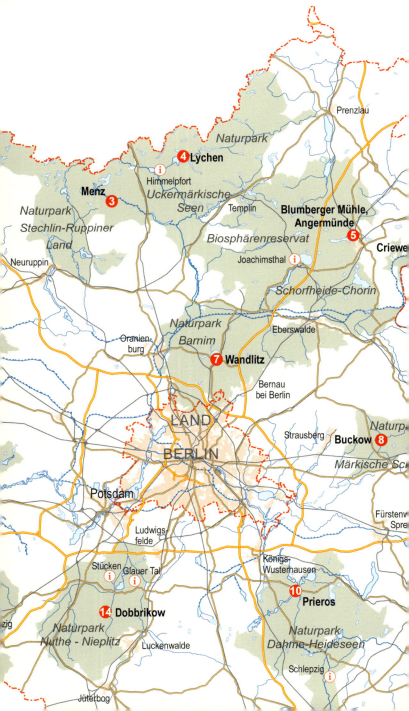

**Naturpark
Barnim**

7   VERWACHSEN MIT DER METROPOLE

Die „Platte" liegt nördlich von Berlin. Sie entstand vor etwa 170.000 Jahren, zur Zeit der Saale-Eiszeit. Den Feinschliff erhielt sie allerdings erst vor etwa 15.000 Jahren, zur Zeit der jüngsten, der Weichsel-Eiszeit, als ein relativ „müder" Gletscher sich mehr den Hinterlassenschaften der älteren Kaltzeit anpasste, als mit eigener Kraft die Landschaft zu gestalten. Die „Platte", das ist der Barnim, die Hochfläche nahe Berlins, eingerahmt vom Eberswalder Urstromtal im Norden, vom Odertal im Osten, dem Baruther Urstromtal im Süden und der Havelniederung im Westen. Einerlei aus welche Richtung man sich nähert, sie ist – mal mehr, mal weniger – als herausragende Hochfläche sichtbar. Der Abbruch der Barnimplatte ins Berliner Urstromtal ist an der Landstraße B1/B5 Berlin – Alt-Kaulsdorf besonders eindrucksvoll.

„Grüne Brücken" nach Berlin

Die „Platte" ist nicht deckungsgleich mit dem Naturpark Barnim, dem einzigen länderübergreifenden Naturpark auf Brandenburger und Berliner Territorium. Sie erstreckt sich im Südosten weit über die Grenzen des Naturparks hinaus. Der Naturpark umfasst vor allem den so genannten Westbarnim, daneben Teile des Eberswalder Urstromtals und der Havelniederung, die dort von der Schnellen Havel durchflossen wird. Er ist rund 750 Quadratkilometer groß. 5,4 Prozent der Fläche liegen auf Berliner Gebiet in den Stadtteilen Pankow und Reinickendorf. Berlin steuert eines seiner ältesten Naturschutzgebiete zum Naturpark bei, das Kalktuffgelände am Tegeler Fließ, dazu den Bucher Forst und die Karower Teiche. Die Panke, das Tegeler Fließ und die Niederung des Lietzengrabens schaffen „grüne Brücken" für Tiere und Pflanzen zwischen der Metropole und ihrem Umland: einen natürlichen Biotopverbund und gleichzeitig Frischluftschneisen für den so wichtigen Luftaustausch in der Stadt. Der

IM BRIESETAL
Bilderbuchlandschaft mit schönen Wanderwegen

Brandenburger Teil des Naturparks liegt zwischen den Ortschaften Bernau, Bad Freienwalde, Eberswalde, Liebenwalde und Oranienburg.

Die landschaftlichen Besonderheiten des Naturparks sind abwechslungsreich. Auffallend sind die vielen, für den Barnim charakteristischen Feldsölle. Beliebt bei den Besuchern sind vor allen Dingen die schönen Seen. Es gibt große, zusammenhängende Wälder, Fließe und Moore, Dünengebiete und Heiden und, bei Blankenfelde und Hobrechtsfelde, die einst nahezu aquatischen Flächen der ehemaligen Berliner Rieselfelder.

Im Wandlitzer und Liepnitzsee wird die als Delikatesse geschätzte Kleine Maräne gefischt. Bachneunauge, Westgroppe, Steinbeißer und andere geschützte Arten wie der Edelkrebs leben in den naturnahen Fließen. Vogelfreunde können dort auch den Eisvogel, die Gebirgsstelze und, als Wintergast, die Wasseramsel beobachten. Großes Beobachtungsglück braucht man, um einen Biber oder Fischotter zu sichten. Die Spuren des Bibers, Europas größtem Nager, sind jedoch unübersehbar: Auffällig sind die im Doppelkegelschnitt angenagten Bäume, zum Beispiel am Langen Trödel. Wenn im Winter Schmalkost angesagt ist, schreckt „Meister Bockert" nicht einmal vor großen Stiel-Eichen zurück. Die Spuren des Fischotters entdecken dagegen meist nur Fachkundige: Seine Kötteln verraten die Gegenwart des scheuen, nachtaktiven Wassermarders, im Winter auch die

LANDSCHAFT BEI MELCHOW
Nah an der Metropole, aber fern jeder Hektik

Pfotenabdrücke im Schnee. Den flinken Fischer selbst bekommt man fast nie zu Gesicht.

Die typischen Binnendünengebiete des Naturparks entstanden, bevor sich nach dem Ende der jüngsten Kaltzeit eine schützende Vegetationsdecke gebildet hatte: Der frei liegende Sand wurde vom Wind zu Dünen aufgeweht. Davon zeugen die Sander im Süden und Westen des Naturparks mit der Schönower Heide, beziehungsweise dem Briesetal, und die Melchower Schweiz im Randbereich des Eberswalder Urstromtals zwischen Melchow und Biesenthal. Bei geologischen Untersuchungen unweit der Stadt Finow wurde eine über 12.000 Jahre alte, unter den Dünen begrabene Braunerdeschicht entdeckt, die nach dem Fundort „Finowboden" genannt wurde. Sie entstand in einer zwischenzeitlichen Erwärmungsphase mit Pflanzenbewuchs gegen Ende der jüngsten Kaltzeit.

Geschichte und Geschichten

Der Barnimrand ist uraltes Siedlungsgebiet. Funde aus der Jungstein- und Bronzezeit, die im Agrarmuseum Wandlitz ausgestellt sind, belegen, dass der Barnim bereits seit der jüngeren Steinzeit vor rund 6.000 Jahren dauerhaft besiedelt war.

Die Anfänge der Besiedelung haben eine bewegte Geschichte. Während der Völkerwanderung verließen im 5. Jahrhundert die germanischen Erstsiedler die Gegend. Anschließend wanderten slawische Stämme ein. Orts- und Flurnamen mit Endungen auf -in, -ow, -itz, oder -witz (zum Beispiel Finow, Wandlitz), erinnern an die slawische Besiedelung. Ende des 12. Jahrhunderts begann die deutsche Eroberung.

Der Sage nach soll der aus dem Hause der Askanier (Aschersleben) stammende Graf Albrecht I. von Ballenstedt, genannt „der Bär", im Barnim auf Bärenjagd gewesen sein. Er verirrte sich im dichten Wald und kam an eine Schänke. Das vorzügliche Bier, die schöne Gegend und nicht zuletzt die Wirtin bewogen ihn – Mitte des 12. Jahrhunderts – zur Gründung Bernaus. Tatsache ist, dass der von Slawen besiedelte und von unterschiedlichen Seiten umkämpfte Barnim erst Mitte des 13. Jahrhunderts endgültig in askanischen Besitz kam. Der „Stammvater" der Mark Albrecht, der die slawische Hauptburg Brennabor (Brandenburg) erobert hatte und von 1157 bis 1170 erster Brandenburger Markgraf war, ruhte da bereits seit über 70 Jahren in seiner Gruft im Ballenstedter Schloss.

Zu den von den Brandenburger Markgrafen errichteten Burgen gehörte auch die in Biesenthal. Mauerreste sind auf dem Schlossberg erhalten. Auf einer Sandinsel in der Nachbarschaft erhebt sich in der Finowaue der vier Meter hohe Reiherberg: Reste einer slawischen Fluchtburg mit einem 45 Metern Durchmesser messenden Rundwall.

Wälder und Sölle

Über die Hälfte des Naturparks ist bewaldet. Wie fast überall in Brandenburg dominiert die Kiefer. Besonders wertvoll aber sind die naturnahen Buchenwälder am Liepnitzsee und in der Barnimer Heide, der Eichenmischwald im Kreuzbruch, und die Bruchwälder im Finow- und im romantischen Briesetal.

Eine Wanderung durchs Briesetal führt an einem bewaldeten Dünengürtel und an dem naturnahen Niederungsbach entlang, den an vielen Stellen ein geheimnisvoller Erlenbruch säumt. In Zühlsdorf geht es an einem kleinen, elektrisch betriebenen Sägewerk vorbei. Früher trieb hier die Briese das Rad einer Sägemühle an. Am einstigen Mühlenteich wechselt der Wanderweg auf das andere Ufer. Beim ehemaligen Forsthaus Wensickendorf bietet sich ein schöner Panoramablick über die Brieseniederung und den hangaufwärts führenden Dünengürtel.

Wenn Wanderer es an warmen Frühlings- und Sommertagen aus Ackersenken und Söllen leise läuten hören, müssen das nicht ferne Kirchenglocken sein. Wahrscheinlicher ist, dass der melancholische Ruf der Rotbauchunke, deren dumpfes „Uuh-uuh, uuh-uuh" an gedämpftes Glockengeläut erinnert, über die Feldflur schallt. Die Unkenrufe lassen die männlichen Tiere des nur etwa vier Zentimeter großen Froschlurchs nachmittags oder in der ersten Nachthälfte hören. Die Rotbauchunke, Wappentier des Naturparks, ist vom Aussterben bedroht. Die intensive Landwirtschaft hat ihr immer mehr Lebensräume genommen: Sie siedelt in den kleinen, oft mondrunden Söllen inmitten der Feldflur.

MOORFROSCH
Zur Paarungszeit „macht" das Männchen für wenige Tage „blau"

Sölle, Kleingewässer und Feuchtgebiete in den Ackersenken werden nicht nur von Unken und anderen Amphibien wie Kammmolch, Knoblauchkröte und Moorfrosch als Lebensraum benötigt. Wenn der Mensch nicht eingreift, sind die meisten der rund 13.000 brandenburgischen Sölle fischfrei und damit idealer Lebensraum für viele Libellenarten und Wasserinsekten. Kleinwüchsige Pflanzenarten dieser Lebensräume wie das Zierliche Tausendgüldenkraut, der Sumpfquendel oder das Mäuseschwänzchen haben nur unter diesen konkurrenzarmen Bedingungen eine Chance zu wachsen.

Unterwegs zwischen Wandlitz und Liepnitzsee

Von den Bahnhöfen Wandlitz und Wandlitzsee führen Wanderwege durch hochstämmigen Buchenwald zum Liepnitzsee. Eine Viertelstunde Fußmarsch und der Wald gibt den Blick frei auf den See, dessen kleine Uferbuchten im Sommer oft von Badenden belagert werden. Längs des schmalen Weges am Südufer steht viel Totholz, in dem es vor Leben wimmelt. Es lohnt sich, den Blick in Richtung des lauten Gehämmers zu richten, das Schwarz-, Bunt- und Mittelspecht veranstalten, wenn sie an den abgestorbenen Baumstämmen auf Insektenjagd gehen.

BELIEBTES AUFLUGSZIEL LIEPNITZSEE
Jederzeit zum Wandern und im Sommer besonders zum Baden

Aus der Mitte des Sees wölbt sich eine Insel, der Große Werder. Einer Anekdote zufolge soll Ende des 19. Jahrhunderts der Bauer Spengler den Grafen von Redern aus dem Sumpf gezogen haben, wofür ihm dieser als Dank für 99 Jahre die Insel zur kostenlosen Nutzung überließ. Die Spenglers eröffneten hier eine Gaststätte, die noch heute existiert. Im Sommer sind Festland und Insel durch eine Fähre verbunden.

Nach steilem Auf- und Ab am Nordufer des Sees ist der Höhenweg erreicht: Die ganze Schönheit des 114 Hektar großen Liepnitzsees liegt dem Wanderer dort zu Füßen.

Wer das Agrarmuseum Wandlitz besuchen will, braucht vom Bahnhof Wandlitz aus nur einen zehnminütigen Fußweg zu absolvieren. Auf 2.000 Quadratmeter Ausstellungsfläche wird Besuchern die größte agrarhistorische Sammlung des Landes Brandenburg geboten. Wer weiß heute noch, was eine Windfege, eine Kleegeige oder ein Mecklenburger Haken ist, oder was sich unter einem Scheffel verbirgt. Die Ausstellung lässt die Entwicklung und den Wandel der Landwirtschaft der Region während der letzten rund 200 Jahre und den raschen technischen Fortschritt im 20. Jahrhundert nachvollziehen. Da stehen sie dann, die Kartoffelklappern und Mausefallen, Waagen und Wiegen, Lanz Bulldogs und „Maulwurf":

NATURPARK BARNIM

Baumkegel am Finowkanal

Der 1620 eröffnete Finowkanal ist eine der ältesten künstlichen Wasserstraßen nördlich der Alpen, die noch heute schiffbar sind. Während des 30jährigen Krieges verfallen, wurde er Mitte des 18. Jahrhunderts auf Betreiben Friedrichs des Großen als „zweiter Finowkanal" wieder eröffnet.

Ein Schild weist den Weg zum „Treidelweg". Nachdem Wanderer die Fußgängerbrücke über den Oder-Havel-Kanal genommen haben, fällt ihr Blick nach wenigen Metern auf den idyllischen „Langen Trödel". Bis zur Eröffnung des Oder-Havel-Kanals Anfang des 20. Jahrhunderts war er ein Teil des Finowkanals. Mit Zuschüttung der „Zerpenschleuse" wurde er zur Sackgasse. Heute ist kaum vorstellbar, dass hier einmal eine der am stärksten befahrenen märkischen Wasserstraßen verlief. Aus dem einst stark frequentierten Kanal hat sich ein ökologisch bedeutsamer Lebensraum entwickelt. Die Kopfsteinpflasterstraße in Richtung Liebenwalde wird von Erlen und Weiden gesäumt. Die in der charakteristischen Form einer Sanduhr angenagten Bäume sind das Werk des Bibers. Die einstigen Treidelwege am Kanal wurden großenteils als Rad-und Wanderwege ausgebaut.

Der Lange Trödel bei Zerpenschleuse
Malerische Sackgasse des Finowkanals

Nonnenfließ ohne Nonnen

Der Naturparkbahnhof Melchow befindet sich am Nordrand der Barnimplatte. Von hier aus führt eine empfehlenswerte Wanderung zum Nonnenfließ, einem naturnahen Niederungsbach, dessen Bett sich tief in die Hochfläche eingeschnitten hat. Eine Landschaft wie im Mittelgebirge: Hier fühlen sich Zwiebel-Zahnwurz, Gebirgsstelze und Wasseramsel wohl – Arten, die für das vorwiegend flache Brandenburg nicht gerade typisch sind. Im klaren Wasser, das in bilderbuchreifen Schleifen der Schwärze zufließt, schwimmen Westgroppe, Bachneunauge und Steinbeißer. In der Talsohle, an den Hängen und auf dem Plateau stehen alte Buchen- und Trauben-Eichen. Hier ist es selbst an heißen Sommertagen angenehm kühl.

Für die Namensgebung gibt es verschiedene Deutungen. Eine Legende besagt, dass hier einst ein Nonnenkloster stand, das eines Tages mitsamt den Nonnen in einer überraschenden Flut versank.

NONNENFLIESS
Schlängelt sich durch herrlichen Laubwald

Der Weg vom Bahnhof zum Nonnenfließ führt durch die ursprüngliche Dorfanlage, die 1432 von den Hussiten verwüstet wurde. Bei Spechthausen geht es am ehemaligen Forsthaus Geschirr vorbei. Hier stand eine Mühle, die Lumpen für die Spechthausener Papierfabrik stampfte. Der bereits unter Friedrich dem Großen gegründete Betrieb produzierte unter anderem Papier für die Banknoten der Deutschen Reichsbank und, im Jahr 1851, für die ersten Briefumschläge der preußischen Post.

Mächtig viel Moor und „dufte" Landschaft

Das Biesenthaler Becken mit seinen schmalen Fließen und kleinen Seen, stillen Mooren und steil aufragenden Sandrücken ist Quellgebiet der Finow. Als Kames werden diese von Schmelzwasserflüssen gegen Ende der letzten Kaltzeit aus Sand- und Kiesschichten aufgeschütteten Sandrücken bezeichnet. Im Biesenthaler Becken gibt es fast alle in Mitteleuropa vorkommenden Moortypen mit bis zu 18 Meter mächtigen Torfschichten. Ein ideales Betätigungsfeld für Geologen. Als „Archive der Landschaft" geben sie Auskunft über das Klima vergangener Epochen. So vielfältig wie die Moore hier sind, so oft wurden sie von Geologen bebohrt und vermessen.

Abseits vom Weg blühen von Mai bis Juni auf den Nasswiesen ehemaliger Torfstiche zahlreiche Orchideenarten. Im buchenbestandenen, idyllischen Tal des Hellmühler Fließes gräbt der Eisvogel seine Nisthöhlen in die Wurzelteller umgestürzter Bäume.

Noch bis 1986 bekamen Spaziergänger im Berliner Randgebiet eine ungefähre Vorstellung davon, wie es in der Millionenstadt vor dem Bau der Kanalisation gerochen haben muss. Über 100 Jahre lang wurden die kommunalen Abwässer an die Peripherie gepumpt, hier vorgeklärt und verrieselt. Mit dem Bau des „Klärwerks Nord" endete der Rieselbetrieb. Die landwirtschaftliche Nutzung der Rieselfelder, die einst den Eckpfeiler der Gemüseversorgung Berlins darstellten, wurde bereits in den 1960er Jahren endgültig aufgegeben. Seit 1998 werden die ehemaligen Rieselfelder im Norden Berlins in eine Erholungslandschaft umgestaltet. Dabei werden als Kontrast zu den streng geometrischen Formen der ehemaligen Becken, Gräben und Dämme neue geschwungene Wege angelegt, die Wanderern und Radfahrern reizvolle Entdeckungstouren ermöglichen. Die ehemaligen Rieselfelder schaffen einen Übergang vom pulsierenden, urbanen Leben, in die ruhige, hügelige Landschaft des Naturparks Barnim. Über mit großen Freiflächen durchzogene Wälder sind die Rieselfelder mit den Heideflächen der nördlich gelegenen alten Militärflächen „Schönower Heide" verbunden. Weite und Offenheit stellen ein reizvolles Gegenstück zum Bucher Forst dar, der mit seinem naturnahen Hochwaldbestand und vielen seit langem unberührten Erlenbrüchen die südliche Grenze des Rieselfeldareals bildet.

Die „Karower Teiche" gehören heute zu den bedeutendsten Berliner Naturschutzgebieten. Auf 130 Hektar finden sich Wald und Wiese, offene Wasserflächen mit üppigen Röhrichtgürteln, naturnahe Erlenbrüche und feuchte Hochstaudenfluren. Ein Rundweg führt um das Gelände, ein zweiter quert das Gebiet zwischen den Teichen. Drei Aussichtsplattformen bieten störungsarme Beobachtungsplätze, Infotafeln liefern Hintergrundwissen. Taucher-, Rallen- und Entenarten können hier ebenso beobachtet werden, wie Graugänse, Rohrweihen und Rohrsänger. Ab dem zeitigen Frühjahr gesellen sich zu den Vögeln Tausende Gras- und Teichfrösche, Erd-, Knoblauch- und Wechselkröten. Die zur Paarungszeit hellblau gefärbten Moorfrösche setzten auffällige Farbtupfer in die Teichlandschaft.

Schönower Heide – ein Jahrhundert militärisches Üben

Auch das nordöstlich an der Berliner Stadtgrenze gelegene, rund 500 Hektar große Naturschutzgebiet Schönower Heide war militärisches Übungsgelände, auf dem Anfang des 20. Jahrhunderts die kaiserlichen Gardeinfanteristen trainierten. Ende desselben Jahrhunderts wurden sämtliche Gebäude der ehemaligen Streitkräfte abgerissen und ein Rundwanderweg mit Aussichtsturm angelegt. Von dort kann man die vom Aussterben bedrohten Charaktervogelarten der offenen Heideflächen wie Raubwürger und Brachpieper, Wiedehopf und Ziegenmelker, Schwarz- und Braunkehlchen, Steinschmätzer und Heidelerche beobachten. Die Heide wird durch Entbuschung frei gehalten, um Be-

suchern den lila Weitblick und bedrohten Arten diesen selten
gewordenen Lebensraum zu erhalten.

Nur ein Katzensprung

Die Ausflugsziele im Naturpark sind von Berlin aus gut zu
erreichen: Ausflügler brauchen nur die S-Bahn ins Briesetal, in
den Bucher Forst und zu den Karower Teichen mit ihrer faszinie-
renden Vogelwelt zu nehmen.

Mit der „Heidekrautbahn" gelangen die Fahrgäste ins
Zentrum des Naturparks. Schon seit mehr als hundert Jahren
fährt sie von Berlin-Karow aus zu Ausflugsklassikern wie dem
Wandlitzer- und dem Liepnitzsee. Am Wochenende führt die
Wensickendorfer Strecke der Heidekrautbahn bis zum Oberhavel
Bauernmarkt in Schmachtenhagen. Das bunte Treiben dort gehört zu den erfolgreichsten Bauernmärkten in Deutschland. Mit
der Ostbrandenburgischen Eisenbahn erreicht man das wild-
romantische Nonnenfließ, die Melchower Schweiz mit den Dünen
und das Biesenthaler Becken.

BIESENTHAL
Seit 2004 trägt der Ort den Titel „Naturparkstadt"

Besucherinformation
Verwaltung Naturpark Barnim
Wandlitzer Chaussee 55   16321 Bernau b. Berlin
Fon 03338 751 76 10
www.grossschutzgebiete.brandenburg.de
np-barnim@lua.brandenburg.de

Anfahrt
S-Bahn S 2 bis Bhf. Buch, Karow, Bernau
S-Bahn S 86 Bhf. Mühlenbeck-Mönchmühle (Karower Teiche)
oder Bhf. Birkenwerder (Briesetal)
Regionalbahn NE 27 (Heidekrautbahn) von Berlin-Karow bis
Bhf. Zühlsdorf
OE 60 Berlin-Lichtenberg bis Bhf. Biesenthal

Autobahn A 11, Abfahrt Bernau oder Abfahrt Wandlitz

Tourismusinformation
Tourismusbüro Reinickendorf
Alt Tegel   13507 Berlin
Fon 030 43 60 73 12
www.reinickendorf.de

LUCHLANDSCHAFT SCHNELLE HAVEL
Urige Baumgestalten in feuchter Umgebung

Tourismusverein Naturpark Barnim e. V.
Prenzlauer Chaussee 157   16348 Wandlitz
Fon 033397 661 31
www.tourismusverein-naturpark-barnim.de

Agrarmuseum Wandlitz
Breitscheidstraße 22   16348 Wandlitz
Fon 033397 215 58

Reiseführer

Rasmus, Carsten und Klaehne, Bettina, Wander- und Naturführer
Naturpark Barnim, KlaRas-Verlag Berlin 2001,
ISBN 3-933135-09-5

Beate Schubert u.a. (Hrsg.), Brandenburg. Der Osten Band 1: Der
Barnim mit der Schorfheide & das Oderbruch, ProLineConcept-
Verlag, Templin 2003, ISBN: 3-931021-47-5

Literatur

Faltblattreihe „Unterwegs"; detaillierte Wegbeschreibung mit
Wanderkarte, Fotos, Informationen über Entstehung, Geschichte,
sowie Flora und Fauna des Gebietes; Anschriften von Tourismus-
informationen, Hofläden, Museen, Umweltbildungseinrichtungen
etc. Die Reihe ist erhältlich u. a. in den umliegenden Tourismus-
informationen.

Karten

Landesvermessung und Geobasisinformation Brandenburg, Wirt-
schafts- und Tourismusentwicklungsgesellschaft des Landkreises
Barnim (Hrsg.), Topografische Freizeitkarte 1:30.000 Barnimer
Feldmark und Naturpark Barnim (Freizeitkarten Barnimer Land),
Potsdam 2005, ISBN 3-7490-4155-5

Landesvermessung und Geobasisinformation Brandenburg
(Hrsg.), Topografische Freizeitkarte 1:50.000 Naturpark Barnim,
Ausgabe mit Wanderwegen, 2.Auflage, Potsdam,
ISBN 3-7490-4092-3

Naturpark

4 Lychen

ⓘ Himmelpfort

Uckermärkische Seen

Templin

Blumberger Mühle, Angermünde

5

Schwedt/Oder

Biosphärenreservat

Joachimsthal ⓘ

Criewen **6**

Nationalpark Unteres Odertal

Schorfheide-Chorin

Eberswalde

Naturpark Barnim

7 **Wandlitz**

Bernau bei Berlin

LAND

BERLIN

Strausberg

Buckow **8**

Naturpark Märkische Schweiz

Fürstenwalde/ Spree

Frankfur (Oder)

Königs- Wusterhausen

10 Prieros

Beeskow

Eisenhütten- stadt

Naturpark Dahme-Heideseen

Schlepzig ⓘ

9

Wirchensee

Naturpark Schlaubetal

Lübben

Biosphären- reservat Spreewald

Guben

Lübbenau/ Spreewald **11**

ⓘ

Fürstlich Drehna

12

Burg

Naturpark Niederlausitzer Landrücken

Herzberg (Elster)

Cottbus

8   TIEFE KEHLEN UND SÜSSE MÄUSE

Klein ist er, aber „oho": der älteste und kleinste unter den brandenburgischen Naturparks. „Oho" vor allem deshalb, weil hier auf engstem Raum eine unglaubliche Vielfalt an Landschaftsformen versammelt ist: bewaldete Hügelketten mit herrlichen Laubmischwäldern, dazwischen Schluchten und Täler, Wiesen und Felder, und überall Gewässer – große und kleine Seen, Fischteiche, Sölle, Quellen und Moore. Wohl kaum ein anderes Großschutzgebiet in Brandenburg hat so viele unterschiedliche Seetypen auf so engem Raum vorzuweisen wie der Naturpark Märkische Schweiz.

Tief, klar und groß, dazu kalkreich und nährstoffarm, so präsentiert sich der Schermützelsee (nicht zu verwechseln mit dem weiter südlich gelegenen Scharmützelsee bei Bad Saarow), der mit 146 Hektar Wasserfläche größte See im Naturpark. Ganz anders die in der Agrarlandschaft liegenden Grundmoränenseen und Kleingewässer um Hermsdorf und Obersdorf. Sie sind flach und nährstoffreich und verlanden sehr stark. Ihre ausgedehnten Schilfgürtel sind Lebensraum für Wat- und Wasservögel.

Dichter und Banker

Die Vorzüge dieser abwechslungsreichen Landschaft, so dicht vor den Toren Berlins, sind schon seit längerem bekannt. Darauf weist auch der Beiname „Schweiz" hin. Schweiz steht dabei für Idylle, Vielfalt und unverwechselbare Schönheit einer Region. Im 19. Jahrhundert wurde es Mode, solchen Landschaften, die dem romantischen Ideal einer Kultur- und Naturlandschaft am meisten entsprachen, den Beinamen „Schweiz" hinzuzufügen. Damit wurde keineswegs auf die Hochgebirgslandschaft des Alpenlandes Bezug genommen, sondern auf das Schweizer Mittelland. So reichte es für eine der zahlreichen neuen „Schweizen" oft aus, einige Hügel und schöne Seen aufweisen zu können –

WASSERFLEDERMAUS
Nächtlicher Jäger mit spitzen Zähnchen

Berge waren nicht nötig. Weltweit gibt es an die 200 „Schweizen", davon allein in Deutschland 61. Theodor Fontane soll über diese Mode gespottet haben, „die Schweizen werden jetzt immer kleiner". Und doch scheint er die Bezeichnung für die kleine Märkische Schweiz für berechtigt gehalten zu haben, wie seine Beschreibung in den „Wanderungen durch die Mark Brandenburg" (Band Oderland, 1862) verrät: „...und bei bloßer Nennung des Namens steigen freundliche Landschaftsbilder auf: Berg und See, Tannenabhänge und Laubholzschluchten, Quellen, die über Kiesel plätschern und Birken, die, vom Winde halb entwurzelt, ihre langen Zweige bis in den Waldbach niedertauchen." Und er vergleicht die liebliche Schweiz der Mark dann doch mit deutschen Mittelgebirgen: „Wer den Harz, wer Thüringen und die Sächsische Schweiz kennt, ist manche liebe Stunde unter gleichen Bildern."

Fontanes Berliner Zeitgenossen ist das schöne Fleckchen rund 60 Kilometer östlich der Berliner Stadtgrenze auch nicht unbekannt. Vermögende Familien kaufen und bauen Häuser am Schermützelseeufer, lassen so das Städtchen Buckow wachsen. Von dem wusste schon der Leibarzt des Preußenkönigs Friedrich Wilhelm IV. seinem Dienstherren 1854 zu berichten, dass dort „die Lunge auf Samt" gehe. Knapp hundert Jahre später, 1952, erwirbt Bertold Brecht ein Anwesen in Buckow, auf dem er mit seiner Frau Helene Weigel fortan jeden Sommer verbringt.

Auch andere Prominente wie Egon Erwin Kisch, John Heartfield und Max Schmeling schätzten die Märkische Schweiz und hielten sich hier zur Sommerfrische auf.

Buckow – verwoben mit der umgebenden Natur

Gerade auch in jüngster Zeit kommen Berliner und weitgereiste Touristen immer zahlreicher, um sich in der Märkischen Schweiz zu entspannen, zu erholen und neuerdings auch zu kuren: Buckow ist der erste Kneippkurort Brandenburgs und seit 2006 Naturparkgemeinde. Hier, auf halbem Weg zur Oder, verschmelzen Stadt und Landschaft, sind verwoben mit den schönsten Wanderwegen, mit Schluchten und Hügeln, Aussichtspunkten und idyllischen Seeufern. Allein fünf Seen liegen in unmittelbarer Stadtlage Buckows. Die Stadt ist das kulturelle Zentrum des Naturparks, die meisten Wanderer starten von hier aus ihre Touren.

NATURPARK MÄRKISCHE SCHWEIZ

LIEGEWIESE IN BUCKOW
Der Winter hat Platz für Individualisten

Kulturinteressierte werden sich den Besuch des Brecht-Weigel-Hauses und des Literaturmuseums nicht entgehen lassen. Veranstaltungen wie der Literatursommer – mit mehr als 11.000 Besuchern im Jahr bei steigender Tendenz – und die Veranstaltungsreihen „Klassik im Grünen", „Musik in Dorfkirchen" und „Geistliche Abendmusik" entfalten ebenfalls eine große Anziehungskraft auf die Besucher. Während der jährlich stattfindenden „Langen Nacht" können die Gäste die nächtliche Kultur und Natur von Buckow erkunden. Anlässlich der „Langen Nacht" führt die Naturwacht auf eine Fledermausexkursion, und unter dem Motto „Nachtschwärmer" wird das Nachtleben der Schmetterlinge beleuchtet. Die traditionellen Buckower Rosentage wiederum erinnern an die Bedeutung des Ortes als Rosenzüchterstadt.

Eines der schönsten Vorhaben der Besucher Buckows ist aber sicherlich eine Wanderung rund um den größten, schönsten und tiefsten See der Märkischen Schweiz, den von Wäldern und Höhen umsäumten, bis zu 40 Meter tiefen Schermützelsee. In seinen Fluten soll einst der Sage nach Alt Buckow versunken sein – als Vergeltung Gottes dafür, dass zur Zeit der Christianisierung Brandenburgs Missionare in Buckow von den dort ansässigen heidnischen und der Missionierung überdrüssigen Slawen auf dem Marktplatz totgeschlagen wurden – so die Überlieferung.

Schweizer Haus – ein Weitwinkelblick auf die Welt

Zu der Fülle attraktiver Freizeitangebote, die Buckow zu jeder Jahreszeit bereithält, gehört auch die Naturpark-Erlebnis-ausstellung im Naturpark-Besucherzentrum Schweizer Haus. Das Besucherinformationszentrum wurde im Jahr 2000 eingeweiht, es stellt in ganz besonderer Weise den schon erwähnten Übergang zwischen Stadt und Natur her. Das Gebäude wurde aus Massivholz errichtet, verwendet wurden Schwach- und Resthölzer, die beim Durchforsten der Wälder anfallen. Der Außenbereich ist mit dem unmittelbar angrenzenden Wald und der hier fast unberührten Natur des Flüsschens Stobber eng verbunden. Besucher können von der Ausstellung direkt in die freie Natur hinüberwechseln.

ZWEIGESTREIFTE QUELLJUNGFER
Sie ist an schnell fließenden, klaren Bächen zu Hause

Wappentier des Naturparks ist die Flussjungfer, die typischerweise an sauberen, sauerstoffreichen und eher größeren Bächen und Flüssen der Ebene und der Vorgebirge vorkommt. Besucher des Schweizer Hauses werden beim Eintreten von einem überdimensionalen Exemplar dieser Großlibelle beäugt. Ihre Facettenaugen bewirken einen Weitwinkel-Blick. Über einen Monitor können die Besucher die Umwelt mit den Augen dieser Libelle betrachten und die entsprechende Ansicht von sich selbst als Postkarte ausdrucken.

Auch andere Medien kommen in der Ausstellung zum Einsatz. So können Naturinteressierte hier „Landschaft hören", am Computer durch den Naturpark surfen oder ihn im Video aus der Vogelperspektive betrachten.

Die gestaltenden Kräfte der kleinen Schweiz

Ein solcher Blick von oben auf den Naturpark hat seinen besonderen Reiz. Wie eine Handvoll ausgestreuter Saphire leuchtet das tiefe Blau der Seen, eingebettet in das satte Grün der umgebenden Wälder. Auffällig die ungleichmäßigen Formen der Gewässer, die die strengen Rechtecke und Färbungen der von hellem Gelb bis rötlichem Braun leuchtenden landwirtschaftlichen Flächen durchbrechen. Und hier und da ist ein fast kreisrundes Feldsoll mit geschlossenem Schilfgürtel zu entdecken, der das Kleingewässer von den im Wind wogenden Halmen der Felder abgrenzt. Landschaftsgestalter der Märkischen Schweiz war die Frankfurter Staffel der Weichsel-Kaltzeit mit ihrer letzten großen Vereisung vor etwa 12.000 Jahren. Mit der Schmelzwasserabflussbahn, der Buckower Rinne, entstanden zwischen der Lebuser und Barnimer Hochfläche drei besondere Landschaften der Märkischen Schweiz: das Rote Luch, der seen- und reliefreiche Buckower Kessel und das Stobbertal.

Bis zu 300 Meter dicke Eisschichten und ihre Schmelzwässer haben Lockergesteine wie Kies, Sand und Mergel zu Schichten von bis über 240 Metern Mächtigkeit aufgearbeitet, transportiert, ausgetaut, sortiert und geschichtet, und formten so die sichtbaren Erhebungen der Endmoränen im Buckower Kessel. Fast alle eiszeitlichen Bildungen und Formen sind in der Region

GROSSER TORNOWSEE
250 Meter entfernt und 17 Meter höher liegt der kleinere „Bruder"

vertreten: Endmoräne, Grundmoräne, Oser, Sölle, Kehlen, Täler, Schwemmkegel, Plateauberge, die Seen und Niedermoore und nicht zuletzt riesige Findlinge. Weil auch diese glazialen Ausprägungen mit ihrer Vielzahl einzelner Geotope – wie den großen Findlingen, der Silberkehle, dem Sophienfließ, dem Großen und Kleinen Tornowsee – hier auf kleinstem Raum versammelt sind, ist die Märkische Schweiz auch als Geotop geschützt.

Eine Besonderheit stellt der Kleine Tornowsee dar: Er liegt auf einer Gletscherablagerung etwa 17 Meter höher als sein „großer Bruder", der Große Tornowsee, und dies in einem Abstand von nur 250 Metern.

Natürlich nahmen auch Verwitterung und Klima, Siedlungs-, Rodungs- und Nutzungseingriffe des Menschen Einfluss auf das Bild der heutigen Kulturlandschaft im Naturpark Märkische Schweiz.

Natürlich kurvenreich – der Stobber

Quer durch den Naturpark fließt der Stobber. Natürlich, kurvenreich und weit verzweigt schlängelt er sich von seinem Quellgebiet, dem Roten Luch, durch die Seen des Buckower Kessels und mündet am nordöstlichen Zipfel des Naturparks in den Altfriedländer Strom, einen ehemaligen Oderarm.

NATURPARK MÄRKISCHE SCHWEIZ

Im Roten Luch, dem größten zusammenhängenden Niedermoorgebiet östlich von Berlin, entspringt der Stobber auf etwa 47 Meter über dem Meeresspiegel und bildet hier ein seltenes Naturphänomen: eine Talwasserscheide. Das Wasser seines nördlichen Teils fließt über die Oder in die Ostsee, das seines südlichen Teils über Spree, Havel und Elbe in die Nordsee. Das Einzugsgebiet umfasst etwa 220 Quadratkilometer.

Der Stobber stellt die Lebensader für viele Lebensräume, Tier- und Pflanzenarten des diagonal durch den Naturpark verlaufenden, zentralen Fließgewässersystems dar. Seine verbindende Funktion zwischen den unterschiedlichen Lebensräumen wurde im Laufe der Jahrhunderte durch Ausbau und Begradigung allerdings stark beeinträchtigt.

Bereits in der Frühzeit der askanischen Besiedlung wurde sein Gefälle – 43 Meter auf 25 Kilometern Strecke – für die Anlage von Mühlenstauen genutzt. Neun Wassermühlen trieb er an, neben anderen die Dammmühle (um 1300), die Stadt-Mühle Buckow von 1285 und die Eichendorfer Mühle von 1343. Heute erinnern nur noch wenige Überreste an deren ehemalige Standorte.

Die Stauanlagen waren für wandernde Fische und andere Wasserorganismen unüberwindbar. Zu den Aufgaben und Zielsetzungen des Naturparks gehörte von Anfang an, Lebensräume zu erweitern und zu verbinden. Deshalb wurden seit 1991 acht Staue zu Fischtreppen umgebaut. Die Fische können den Höhenunterschied nun treppauf Schritt für Schritt bewältigen. Allein zwischen der Pritzhagener und der Eichendorfer Mühle tummeln sich heute 20 Fischarten, darunter so seltene wie Döbel, Bitterling, Schlammpeitzger, Steinbeißer und Gründling. Vor dem Bau der Fischtreppen konnten hier nur sechs verschiedene Arten gezählt werden. Auch Biber, Fischotter, Wasserspitzmaus und Flussmuschel nutzen diesen Lebensraum. Wie die Flussmuschel liebt die Flussjungfer, die auch unter dem Namen Keiljungfer bekannt ist, das klare, sauerstoffreiche, bewegte Wasser. Das Wappentier des Naturparks ist eine von 53 bislang im Naturpark nachgewiesenen Libellenarten. Ihre Larven benötigen mehrere Jahre für ihre Entwicklung, die Gewässersohle muss dafür sandig bis kiesig sein, verschlammte und gestaute Bereiche werden gemieden.

Ab Buckow durchfließt der Stobber ein wildromatisches Tal. Auf 13 Kilometern Länge ist das Stobbertal mit seinen Seitentälern und der angrenzenden Wiesen- und Waldlandschaft seit 1990 als Naturschutzgebiet besonders geschützt. Dieses Naturschutzgebiet ist auch Heimstatt vieler seltener Pflanzenarten. Im Frühjahr erfreut ein wahrer Blütenteppich von Leberblümchen, Scharbockskraut und Gelben Anemonen den Wanderer. Dann ist auch der quäkende Ruf – „mjääk-mjääk" – des Mittelspechts zu hören, sogar in der Nähe des Naturpark-Besucherzentrums Schweizer Haus. Sein Klopfen ist dagegen seltener zu vernehmen als das des Buntspechts. Der seltene, selbst zur Gattung der Buntspechte gehörende Vogel bevorzugt die den Stobberbachlauf begleitenden Hartholzauenwälder. Er ernährt sich überwiegend von Insekten und deren Larven, die er in Ritzen der Baumborke findet. Im Frühling mag er besonders die frischen Baumsäfte. Dazu schlägt er die Rinde von Bäumen ab, um so an die dort austretenden Säfte heranzukommen.

Tiefe Kerben, lichte Höhen

Was dem Naturpark Hoher Fläming seine Rummeln sind, sind der Märkischen Schweiz ihre Kehlen. So werden hier die tief eingeschnittenen Rinnen genannt, die sowohl durch Schmelzwässer der Eiszeit, als auch durch Erosion als Folge mittelalterlicher Abholzungen entstanden sind. Neben zahlreichen namenlosen Kehlen gibt es mindestens zehn dieser Schluchten, die märchenhafte Namen tragen. Wann und wie sie diese Bezeichnungen erhielten, ist nicht für alle erklärt. Wanderer treffen auf die Kehlen an den steilen Hanglagen im Buckower Kessel. Besonders „zerfurcht" ist der Höhenzug am Westufer des Schermützelsees. Fischerkehle, Buchenkehle, Grenzkehle, Langer Grund und Schwarze Kehle heißen die Einkerbungen hier. Die Kehlen sind durch ihre geringe Länge und Breite und das relativ starke Gefälle besonders bemerkenswert. Auf einer Wanderung rund um den Schermützelsee wird dies besonders anschaulich. Dabei bieten sich dem Wanderer vom Panoramaweg aus wundervolle Landschaftsbilder. In der Ferne ist von hier aus der höchste Gipfel der Märkischen Schweiz, der 129 Meter hohe Krugberg, zu erblicken.

NATURPARK MÄRKISCHE SCHWEIZ

Interessant ist die Geschichte der Schwarzen Kehle. Durch eiszeitliche Aufpressung, Stauchung und Faltung tertiärer Sedimente wurden Braunkohlenflöze in abbaufähige, oberhalb des Seewasserspiegels liegende Positionen gerückt. 1851 wurde in diese Kehle ein Stollen vorgetrieben und in der Grube „Willenbrücher" mit dem Abbau von drei Braunkohleflözen begonnen. 30 Jahre später waren hier bereits 20 Arbeiter beschäftigt, die eine Jahresmenge von 20.000 Tonnen zu Tage förderten. Der Abbau erfolgte in einer Tiefe von 42 bis 44 Metern. Heute ist die Grube nicht mehr in Betrieb. Die Braunkohle verlieh der Kehle ihren Namen.

Am Sophienfließ, unweit der Drachenkehle, steht ein eindrucksvolles Naturdenkmal: die Wurzelfichte. Das weit verzweigte Wurzelsystem des 30 Meter hohen, 160 Jahre alten Baumes wurde im Laufe der Jahrzehnte vom Wasser zum Teil freigespült. Unter den freigelegten, armdicken Wurzelsträngen haben sich Höhlen gebildet. Die Wurzelfichte steht unter Naturschutz, auf ihren Wurzeln darf nicht herumgeklettert werden. Der Anblick dieses Baumes „auf Stelzen" zieht viele Besucher an, ein Foto der Wurzelfichte ist eine beliebte „Trophäe".

SOPHIENFLIESS
Am Sophienfließ steht das Naturdenkmal Wurzelfichte

Die Kehlen „arbeiten" heute noch. Eine Vielzahl von Quellen und am Ufer austretende Wasserschichten lagern ausgewaschenes Material von den Hängen an der Mündung der Kehle am Seeufer ab. So entstanden über Jahrtausende die dem Ufer aufgesetzten Moore. Dieses Auswaschen der Schluchten und Kehlen führt immer wieder dazu, dass insbesondere nach heftigen Niederschlägen Erdschichten nachfallen oder ausbrechen und sich so genannte Schwemmfächer bilden.

Unterhalb der Wolfsschlucht am Nordwestufer des Kleinen Tornowsees wurde dieses Phänomen eines Schwemmfächers 1998 wissenschaftlich untersucht. Die Wolfsschlucht mit einer Länge von 250 Metern und einem Höhenunterschied von 40 Metern hatte vor etwa 10.000 Jahren die Form einer flachen Delle. Die Rodung der Wälder im Mittelalter und eine intensive landwirtschaftliche Nutzung bewirkte, dass der Ackerboden oberhalb der Wolfsschlucht bei starken Niederschlägen hangabwärts gespült, die Schlucht dabei tiefer eingekerbt und das dabei abgetragene Bodenmaterial am Hangfuß unterhalb der Wolfsschlucht in Form eines Schwemmfächers abgelagert wurde. Ein besonders anschauliches Beispiel dafür, dass nicht nur die Eiszeit, sondern auch die Art der Landnutzung das gegenwärtige Landschaftsbild entscheidend mit geprägt hat.

Im heute bewaldeten Feuchtgebiet des Kleinen Tornowsees wurde im 18. Jahrhundert Hopfen angebaut. Ein Grabensystem auf dem Schwemmfächer hielt das Regenwasser und die damit transportierten Bodensedimente aus der Wolfsschlucht von den Hopfenfeldern fern. Dadurch entstand eine Stufe zwischen der Wolfsschlucht und dem Kleinen Tornowsee. Sie ist noch heute zu sehen. Das Grabensystem verlor jedoch nach einem Starkregen am Ende des 18. Jahrhunderts seine Funktion. Heute ist es etwa mit einem halben Meter weiterer Bodenablagerungen aus der Wolfsschlucht überdeckt. Wie wichtig der Hopfenanbau als Erwerbsquelle war, beweist auch die Darstellung im Buckower Wappen.

Altfriedland – Tankstelle für Vögel

Schon lange vor der Klostergründung der Zisterzienser im Jahre 1271 gingen slawische Fischer im Gebiet der Altfriedländer Teiche ihrem Gewerbe nach. Das belegen alte Aufzeichnun-

GARTZSEE
Mitten in einem Kesselmoor liegt dieser flache See

gen. Im Laufe der Christianisierung wurde Fisch mehr und mehr zu einem unentbehrlichen Nahrungsmittel während der Fastenzeit. Um von den unregelmäßigen Fangerträgen der Fischer unabhängig zu sein, begann man seitens der Klöster, Fischteiche anzulegen. In Altfriedland waren es die Nonnen des Zisterzienserinnenklosters „Vredelant" (Friedland), die die ersten Teiche vor etwa 700 Jahren bewirtschafteten. Von diesem bedeutenden Kloster sind nur noch bauliche Reste erhalten. Heute können noch ein Kreuzgangflügel mit Kreuzrippenwölbung und das anschließende Refektorium besichtigt werden, letzteres ein schöner zweischiffiger Saal mit Sterngewölbe, das auf schlanken Säulen ruht. Konzerte im Refektorium und der Klostermarkt ziehen alljährlich viele Besucher in die alten Gemäuer. Das Kloster Altfriedland gilt unter den Klosterbauten der Region neben dem Kloster Chorin architekturhistorisch als bedeutsamster mittelalterlicher Klosterbau. Im Gegensatz zu den Backsteinruinen des eigentlichen Klosters ist die etwas abseits stehende Klosterkirche, ein einschiffiger Feldsteinbau, gut erhalten.

Ein Rundwanderweg von fünfeinhalb Kilometern Länge führt um den Ort und das Kloster Altfriedland.

NATURPARK MÄRKISCHE SCHWEIZ

Zwischen 1965 und 1972 wurden die Altfriedländer und Karlsdorfer Teiche in der heutigen Form angelegt. Das ehemalige Niedermoorgebiet wurde damit nachhaltig überformt und einer intensiven Nutzung überantwortet. Mit einer Fläche von 200 Hektar ist der Kietzer See der größte ablassbare Teich Deutschlands. Jedes Jahr im November bietet sich ein beeindruckendes Schauspiel: die Fischernte an den Altfriedländer Teichen. Beim Abfischen zuzuschauen, die Altfriedländer Fischsuppe zu probieren oder frisch gefangenen Fisch zu kaufen, lohnt allemal einen Besuch in der Naturparkgemeinde Altfriedland.

Die Fischerei ist immer noch ein wichtiger Erwerbszweig im Altfriedländer Teichgebiet, dass außerdem für Petri-Jünger ein beliebtes Anglerparadies ist. Traditionell wird in dem geschichtsträchtigen Dorf alljährlich im August das Fischerfest gefeiert. Der Altfriedländer Kunstherbst und die Sommerkonzerte in der Klosterkirche gehören zu den kulturellen Höhepunkten der Region.

Fast die gesamte Naturparkfläche ist Europäisches Vogelschutzgebiet. Zu den 143 gezählten Brutvogelarten gehören: Schwarz- und Weißstorch, Rot- und Schwarzmilan, Wespenbussard, Seeadler und Kranich, aber auch Sperbergrasmücke, Flussseeschwalben, Lach- und Silbermöwen und zahlreiche Entenarten. Ein Beweis für Güte und Vielfalt der Lebensräume. Hier im knapp 300 Hektar großen Teichgebiet von Altfriedland und Karlsdorf, dem Herzstück des Europäischen Vogelschutzgebietes, rasten im Herbst bis zu 40.000 Saat- und Blessgänse aus Nordeuropa – ein beeindruckendes Naturschauspiel.

Der örtliche Fremdenverkehrsverein organisiert ornithologische Beobachtungen am Gänserastplatz, Kremserfahrten ins Stobbertal und naturkundliche Wanderungen.

Süße Maus im alten Haus

Sie sieht wirklich „süß" aus, die Große Bartfledermaus, die, anders als ihr Name signalisiert, eher eine kleine Fledermaus ist: kuschliges, schwarz-braunes Fell, Knopfäuglein, spitze Zähnchen. Ihr Körper ist nur etwa fünf Zentimeter lang, die Flügelspannweite beträgt aber immerhin bis zu 20 Zentimeter. Die Große Bartfledermaus benötigt Wälder und Gewässer als Lebensraum, im Sommer nimmt sie auf Dachböden, im Winter in Kellern und Höhlen Quartier.

GROSSE BARTFLEDERMAUS
Die kleine Fledermaus gehört zur Gattung der Mausohren

Naturschützer entdeckten vor einigen Jahren in Julianenhof im Naturpark Märkische Schweiz acht Fledermausarten,
darunter eine deutschlandweit bedeutsame Wochenstube der
Großen Bartfledermaus. Über 200 Tiere haben sich im Dach-
boden eines seit 1990 nicht mehr genutzten und inzwischen
sanierten Stallgebäudes eines ehemaligen Gutshofes aus dem
19. Jahrhundert einquartiert. Der Eiskeller des Feldstein-Klinker-
baus diente den Fledermäusen als Winterquartier. So entstand
die Idee, hier ein Fledermausmuseum als Erlebnis-, Bildungs-
und Forschungsstätte einzurichten. Der Eiskeller wurde nach historischen Vorlagen wieder aufgebaut. Heute informiert eine
Ausstellung einerseits über die Geschichte der alten Eiskeller-
Kühltechnik, andererseits über die Bedeutung der Eiskeller als
Winterquartier für Fledermäuse. Darüber hinaus soll das „Inter-
nationale-Fledermaus-Museum" die weltweiten historischen und
aktuellen Forschungen zum Schutz der Fledermäuse umfassend
dokumentieren und durch eine Erlebnisausstellung, wechselnde
Sonderexponate, aber auch Tagungen, Vorträge und Führungen
das „Naturerlebnis Fledermaus" einer breiten Öffentlichkeit nahe
bringen.

Insgesamt wurden im Naturpark Märkische Schweiz 14 verschiedene Fledermausarten nachgewiesen, er gehört damit zu
einem der Schwerpunktgebiete im Fledermausschutz des Landes
Brandenburg.

Märkische Dorfromantik

Zwei weitere Merkmale sind für den Naturpark Märkische
Schweiz charakteristisch: Zum einen gehört die Region wohl zu
den am besten ausgeschilderten Wandergebieten Brandenburgs.
Das Wanderwegenetz umfasst rund 150 Kilometer. Gute Aus-
gangspunkte für Wanderungen sind die Ortschaften Buckow,
Waldsieversdorf, Münchehofe, Pritzhagen, Ihlow, Prötzel und
Altfriedland. Viele Wanderwege sind mit Bänken, Informations-
tafeln und Schutzhütten ausgestattet, zahlreiche Einrichtungen
wie Naturparkverwaltung und Naturwacht, Fremdenverkehrsamt
und Heimatverein bieten geführte Wanderungen, Exkursionen zu
speziellen Themen und heimatgeschichtliche Führungen an.

MAUERN AUS FELDSTEINEN
Baukunst mit reichlich vorhandenem, schwierigen Material

Zum anderen trifft der Besucher gerade in der Märkischen Schweiz besonders häufig auf den „Prototyp" märkischer Dörfer: mit ihren aus Feldsteinen errichteten Kirchen, Bauerngehöften, Scheunen und Mauern und den bei Autofahrern nicht so beliebten Feldsteinstraßen. Die dörfliche Idylle hat auch heute ihren Reiz nicht verloren. Altfriedland, Ihlow und Dahmsdorf stehen stellvertretend für den Einklang von Natur und Dorf. Sie wurden als Naturparkgemeinden ausgezeichnet. Diesen Titel erhalten Kommunen, die das Ortsbild erhalten, den Ort mit neuen Ideen beleben und einen naturverträglichen Tourismus entwickeln. Altfriedland verfügt neben den bereits erwähnten Attraktionen über eine schöne Badestelle am Klostersee. Das Ortsbild in Ihlow wird vom Gutspark, dem Gutshaus, vielen Feldsteinbauten, Gärten und Beeten, Blumen und Obstbäumen und von dem Storchennest bestimmt, in dem jedes Jahr junge Störche aufwachsen. In der spätromanischen Feldsteinkirche finden im Sommer Konzerte statt. Dahmsdorf pflegt regionale Traditionen: Hier werden alte Handwerkstechniken wie Weben, Spinnen und Filzen und Großmutters Wissen über Heilkräuter und andere Hausmittel bewahrt.

WURZELFICHTE AM SOPHIENFLIESS
Armdickes Wurzelgeflecht über dem Boden

Mindestens so lohnend sind aber auch Besuche der örtlichen Feste. Besonders beliebt ist der Erlebnistag „Rund ums Pferd" in Pritzhagen. Einmal im Jahr werden hier Reiterspiele veranstaltet, landwirtschaftliche Technik unter Pferdebespannung, Hengste, Fohlen und Stuten vorgeführt. Beim Apfelfest im Naturpark-Besucherzentrum Schweizer Haus in Buckow können alte und neue Apfelsorten verkostet und bestimmt werden, dazu gibt es Tipps zur Pflege von Obstbäumen.

Besucherinformation
Naturpark-Besucherzentrum Schweizer Haus
Naturparkverwaltung, Naturwacht
Lindenstraße 33   15377 Buckow
Fon 033433 158 41
np-maerkische-schweiz@ lua.brandenburg.de
www.grossschutzgebiete.brandenburg.de

Anfahrt
Verkehrsanbindung
Mit Bahn und Bus im Stundentakt
RB 26 von Berlin-Lichtenberg bis Müncheberg,

umsteigen in den Anschlussbus Richtung Buckow
mit Halt in Waldsieversdorf
Touristenbus-Linien – Info unter www.mobikult.de

Tourismusinformation
Fremdenverkehrsamt
Märkische Schweiz
Wriezener Straße 1a   15377 Buckow
Fon 033433 575 00
touristinfo@amt-maerkische-schweiz.de

Museum
Internationales-Fledermaus-Museum Julianenhof
Julianenhof 15b   15377 Märkische Höhe / Reichenberg
Fon 033437 152 56
fledermausmuseum@freenet.de
geöffnet: Mai – September (täglich)
Kontakt Oktober-April:
nabu@nabu.maerkische-schweiz.com

Reiseführer
Beate Schubert u.a. (Hrsg.), Brandenburg. Der Osten Band 2: Die
Märkische Schweiz, das Land Lebus & und die Beeskow-Storkower
Seen, ProLineConcept-Verlag, Templin 2003, ISBN: 3-931021-48-3

Dierk Heerwagen, Unterwegs im Naturpark Märkische Schweiz.
Die schönsten Wander- und Radtouren, Hendrik Bäßler Verlag,
Berlin 2001, ISBN 3-930388-21-9

Karten
Landesvermessung und Geobasisinformation Brandenburg (Hrsg.),
Topografische Freizeitkarte 1:25.000 Märkische Schweiz.
Wandern, Radfahren, Potsdam 2005, ISBN 3-7490-4070-2

Naturpark Märkische Schweiz. Rad-Wander- & Gewässerkarte,
Grünes Herz Verlag für Tourismus, Ilmenau 2002,
ISBN 3–929993-91-0

Naturpark
Schlaubetal

9   SCHATZKAMMER DER ARTENVIELFALT

Auf den Wirchenwiesen, wo die Schlaube entspringt, beginnt das Reich der Schlangenkönigin. Einst, so wird im Schlaubetal erzählt, habe hier ein Bauernjunge aus Treppeln einen herrlichen Palast mit glänzender Pracht erblickt. Langsam stieg er in das Kellergewölbe herab. Das geheimnisvolle Gemäuer war menschenleer. Überall lag glänzendes Gold. Da er jedoch der Versuchung nicht standhalten konnte und nach den Schätzen griff, verschwand das Schloss samt Schatzkammer für immer. Zurück im Pelz des Burschen blieb nur ein großes Goldstück, auf dem eine gekrönte Schlange zu sehen war – das Vermächtnis der Schlangenkönigin.

Ringelnattern tummeln sich noch heute in den Wirchenwiesen. Doch der Reichtum des Schlaubetals ist nicht mit Gold aufzuwiegen. Die Vielgestaltigkeit der Landschaft hat eine Fülle verschiedener Lebensräume hervorgebracht, die den Ansprüchen unterschiedlichster, seltener und gefährdeter Arten gerecht werden. Über 1.000 Pflanzenarten sind bis heute im Naturpark Schlaubetal nachgewiesen, darunter 13 Orchideenarten und bedeutende Farne wie Rippen- und Königsfarn. Fast 200 Vogelarten wurden festgestellt. Fischotter und mehrere Fledermausarten wie der Große Abendsegler und das Braune Langohr haben im Naturpark stabile Populationen. See- und Fischadler, Eisvogel, Schwarzstorch, Sumpfschildkröte und Bachforelle leben hier. Allein 13 Tier- und Pflanzenarten kommen im Bundesland Brandenburg nur noch im Naturpark Schlaubetal vor. Dazu gehören Frauenschuh und Korallenwurz als Orchideenarten, die Smaragdeidechse, die es nirgendwo anders in Norddeutschland gibt, und der Hochmoor-Perlmutterfalter. Allein im Schlaubetal sind bisher mehr als 720 festgestellt worden – das sind fast drei Viertel der in Brandenburg nachgewiesenen Arten.

RINGELNATTER
Elegantes Reptil – für den Menschen völlig harmlos

Ein Mittelgebirgsbach, Seen und Sanderflächen

Zu Recht wird das Schlaubetal als schönstes Bachtal Ostbrandenburgs bezeichnet. Auf ihrem 23 Kilometer langen Lauf schlängelt sich die Schlaube durch Wälder und Schluchten, durchfließt Seen und Teiche, lässt Bäche und Moore hinter sich, gesäumt von Wiesen und Binnendünen. Unterwegs wandelt sie ihren Charakter vom wilden „Mittelgebirgs"-Bach zum sanften Wiesenbach, der ursprünglich schließlich in den Brieskower See und die Oder mündete. Wenig westlich davon liegt die Stadt Müllrose, das nördliche Tor zum Naturpark. Heute mündet die Schlaube, nachdem sie den Großen Müllroser See und den kleinen Müllroser See durchflossen hat, in den Oder-Spree-Kanal.

Das Tal der Schlaube und die Reicherskreuzer Heide bilden das Herz des Naturparks. Sie werden im Osten durch das Dorchetal mit seinen Übergängen zur Auenlandschaft von Oder und Neiße und nach Süden durch das Gubener Naherholungsgebiet mit seinen Badeseen ergänzt.

Fast drei Viertel des Naturparks sind mit Wald bedeckt. Der unweit der Schlaube-Quellen gelegene und von ihr durchflossene Wirchensee ist von verschiedenen Laubmischwäldern umgeben. Erlenbrüche, Buchen- und Hainbuchenwälder begleiten den Oberlauf der Schlaube, die hier mit Klautzke-, Kesselfließ und Boberschenk und dem weiter nördlich gelegenen Planfließ noch unverbaute Seitenbäche besitzt.

An einigen Stellen im Schlaubetal, unter anderem im Naturschutzgebiet Teufelssee zwischen Schernsdorf, Bremsdorf und Dammendorf, wachsen naturnahe Traubeneichwälder. In diesem Bereich, in dem die Schlaube eine Kette von Seen durchfließt, sind auch noch ursprüngliche Buchenwälder erhalten geblieben.

Weiter nördlich schlängelt sich die Schlaube als Wiesenbach durch eine Landschaft mit unzähligen Mooren, bevor sie in einem unzugänglichen, von Erlenbruchwald dominierten Delta in den Großen Müllroser See mündet. Östlich des Flusslaufes liegt am Belenzsee ein Moorkomplex, der den Biotoptyp des deutschlandweit gefährdeten Braunmoosmoores enthält. Bemerkenswert in diesem Abschnitt ist auch das Naturschutzgebiet Mahlheide. Auf Dünenstandorten haben sich Kiefern mit besonderen Wuchs-

formen erhalten. Über Jahrhunderte, bis um 1950, wurde hier der Wald regelrecht gefegt, um Einstreu für die Ställe der Heidebauern zu gewinnen. Die Kiefern haben sich mehrfach geteilt – die Zweige wuchsen scheinbar wieder in den Boden.

Das Seen- und Moorgebiet des Drewitzer und des Staakower Waldes im Süden des Naturparkes verfügt dagegen über keine Fließgewässer. Die dünn besiedelte, fast völlig ebene Waldlandschaft aus Kiefern- und Eichenforsten wird durch Seen und Moore aufgelockert. Eiszeitliche Rinnenseen wie der Großsee und der Pinnower See bieten beliebte Bademöglichkeiten. Die Tauerschen Eichen, ein weitgehend natürlicher alter Traubeneichenbestand in diesem Gebiet, stehen unter Naturschutz. Hier sind Hirschkäfer und baumbrütende Mauersegler zuhause.

IM KERBTAL DER SCHLAUBE
Bäume fallen wie sie wollen

Das Kerbtal der Schlaube

Nur wenige Hundert Meter nördlich des Wirchensees hat sich die Schlaube tief in die sie umgebende Hochfläche eingegraben. Der Talgrund ist nicht breiter als der Bachlauf, beiderseits steigen die Hänge so steil an, dass hier eine geregelte Forstwirtschaft nicht möglich ist. Wanderer fühlen sich wie in ein Mittelgebirge versetzt. Eichen und Hainbuchen dürfen hier richtig alt werden, stürzen um und liegen wie Brücken hoch über der Schlaube, werden zum Nährboden für eine Vielzahl Holz zersetzender Pilze. Kreisrunde und ovale Löcher an diesen toten Stämmen zeigen, dass sich auch Bockkäfer und Holzwespen am Recycling des Holzes beteiligen.

In einem Reisighaufen brütet der Zaunkönig, sein Gesang ist weithin zu hören. Es gibt hier kaum einen Altbaum, in dem nicht wenigstens ein Specht seine Höhle gebaut hat. Am Boden fehlen Gefäßpflanzen fast völlig, weil hier unten nur noch wenig Licht ankommt. Es ist der ideale Standort für Moose, die eine hohe Luftfeuchtigkeit brauchen, darunter das selten gewordene Weißmoos.

An vielen Stellen ist der Bachlauf kesselförmig erweitert. Die Ockerfarbe des Schlammes zeigt an, dass hier Quellwasser austritt. Eine dieser Quellen ist total zerwühlt. Mit ausgiebigem Suhlen gehen hier offenbar Wildschweine regelmäßig ihrer Körperpflege nach. Weiter flussabwärts weitet sich der Talgrund. Neben der Schlaube findet ein Erlenbruchwald Platz. Zwischen den schwarzen Stämmen breiten sich Schlammflächen aus mit der typischen Vegetation aus Seggenbulten, Brennnessel, Scharbockskraut und Sumpfdotterblume. An etwas trockeneren Stellen zeigen Waldsauerklee und Buschwindröschen ihre weißen Blüten. Mitten in dieser unzugänglichen Wildnis hat ein Kranichpaar sein Nest gebaut.

Am Wirchensee beginnt ein etwa vier Kilometer langer Naturlehrpfad um den 36 Hektar großen, stellenweise bis zu 16 Meter tiefen und von steilen Ufern umgebenen See. Infotafeln zur Tier- und Pflanzenwelt, zum Thema Baumsterben und Forstwirtschaft begleiten den Wanderweg. Der Pfad führt am Waldseehotel, dem Aussichtspunkt „Försterblick" und dem Quellbereich der Schlaube vorbei. Am Wirchensee liegt auch das Gebäude der Naturparkverwaltung mit einer Ausstellung zur Pflanzen- und Tierwelt des Naturparks. Auf der gegenüberliegenden Straßenseite befindet sich die Schlaubemühle. Das frühere Wohnhaus des Müllers ist heute ein Naturschutz-Informationszentrum.

Der Ziskensee, Perle im Schlaubetal

Auf halbem Wege zwischen Wirchen- und Großem Treppelsee, etwas abseits der Schlaube und nahe bei Kieselwitz, liegt wie eine leuchtende Perle der Ziskensee inmitten von Laubwald. Sein Wasser ist so nährstoffarm, dass Schilf nicht gedeihen kann. An seinen Rändern wachsen stattdessen Torfmoose, die Schwingrasen ausbilden. Darauf stehen vereinzelt spärlich benadelte Kiefern, die scheinbar überhaupt nicht wachsen wollen. Die kleinen Blätter des Rundblättrigen Sonnentaus breiten ihre Tentakel aus, von deren klebrigem Sekret eine kleine Libelle nicht mehr

SONNENTAU
Insektenfalle mit klebrigen Tentakeln

los kommt. Weithin leuchten die weißen Samenbüschel des Woll-
grases. Im Wasser des Sees schwimmt eine Schellente mit ihren
Jungen. Auf einem Seerosenblatt tankt ein Kleiner Wasserfrosch
die Sonnenwärme. Er muss sich vor der Ringelnatter in Acht
nehmen, die gerade vorbeischwimmt. Mit einem weiten Sprung
bringt er sich in Sicherheit und versteckt sich am Grund des
Gewässers. Hoch oben zieht ein Seeadler vorüber. Ein Graureiher
am gegenüberliegenden Ufer hat gerade einen kleinen Fisch
gefangen. Mit elegantem Flug entfernt er sich, um den Nachwuchs im Horst zu füttern. An den nicht weit entfernten Fisch-
teichen hätte er leichtere Beute gehabt, aber dort wäre er nicht
so ungestört gewesen.

Buchenwald am Treppelsee

Ein Stück weiter nördlich, vom Wirchensee etwa fünfeinhalb Kilometer bachabwärts, liegt der Große Treppelsee. Sein
gesamtes Westufer wird von einem ursprünglichen Buchenwald
eingenommen, der als Bestandteil des Naturschutzgebietes
„Schlaubetal" schon seit vielen Jahren besonderen Schutz erfährt. Wie ein Dom aus Ästen und Blättern reicht dieser Hallen-
wald aus hohen Buchen an vielen Stellen bis ans Ufer heran.
Poetisch sind die Flurnamen dieser Winkel am See: Himmel und
Hölle. An manchen Stellen ragen die Baumkronen über das
Seeufer hinaus oder berühren mit ihren weit ausladenden Ästen
den Wasserspiegel. Abgestorbene Bäume bleiben oft im Wasser
liegen und schaffen für die Wassertiere wichtige Kleinstrukturen.

Bezaubernd ist das zarte Grün der Laubwälder am See im
Frühling. Ganz besonders schön ist die Waldkulisse im Herbst.
Dann erstrahlt das Herbstlaub im Licht der schräg stehenden
Sonne in warmen Gelb- und Ockertönen, glitzert das Wasser
durch die bunten Zweige hindurch. Wenn im Laufe des Tages
spätsommerliche Temperaturen erreicht werden, und der mild-
würzige Duft des Waldbodens in der Luft hängt, mag sich so
mancher Besucher fragen, ob er noch einmal ein Bad in den
kühlen Fluten wagt.

Der Große Treppelsee ähnelt dem Wirchensee: Auf ihren
Rundwegen bieten sich an vielen Stellen sehr schöne Aussichten
auf den See und das gegenüberliegende Ufer.

REICHERSKREUZER HEIDE
Zur Heideblüte Ende August findet das Heidefest statt

Sinfonie der Farben auf der Reicherskreuzer Heide

Auf der Reicherskreuzer Heide, die südlich der Schlaube-quellen liegt, rollten vor einigen Jahren noch Panzer. Jetzt wächst überall das dunkelgrüne Heidekraut, das im Frühherbst die Landschaft bis zum Horizont mit einem violetten Blütenteppich überzieht. Dazwischen sind überall kleine Flecken offener Sand-flächen und anspruchsloser Gräser zu sehen. Birken und Kiefern versuchen, auf dem nährstoffarmen Sand Fuß zu fassen. An den gelben Nadeln sieht man den Kiefern an, dass es dem Boden an Magnesium mangelt. Viele der halbhohen Bäume sind vom Rot-wild geschält und sehen sehr zerzaust aus. Im Mai leuchten von weitem die Strauchgruppen des Besenginsters in sattem Gelb.

Die Stille wird durch den Gesang der Feld- und Heidelerchen noch unterstrichen. Auf einem Feldstein sonnt sich eine Zaun-eidechse. Sie ist sofort verschwunden, als der Schatten eines Kolkraben über sie hinweggleitet. Mit seinen typischen Rufen verschwindet der Rabe hinter den Kiefern am Horizont. Plötzlich zieht, von irgendetwas aufgeschreckt, ein Rudel Rothirsche vorbei und sucht neue Deckung. Am Wegrand huscht wohl auf der Jagd nach kleineren Insekten ein goldgrün glänzender Sandlaufkäfer vorüber, so schnell, dass er vom Wiedehopf, der den Boden ständig nach Fressbarem absucht, nicht erbeutet werden kann. Ganz anders die Rote Röhrenspinne: Sie sitzt reglos vor ihrer Wohnröhre und wartet auf vorbeilaufende Insekten, die sie dann behände überwältigt und innerhalb ihrer Behausung verzehrt.

Das in der Nähe von Reicherskreuz und Henzendorf gelegene Naturschutzgebiet Reicherskreuzer Heide im Süden des Naturparks Schlaubetal ist 30 Quadratkilometer groß. Es dient nicht nur dem Schutz des Lebensraumes Heide und seiner vielen Tier- und Pflanzenarten, sondern auch der Grundwasserbildung: Mit ihren niedrigen Verdunstungsraten auf den durchlässigen Sandböden haben Heideflächen zur Neubildung und Anreicherung trinkbaren Grundwassers einen unschätzbaren Wert.

Das Naturschutzgebiet Reicherskreuzer Heide und Schwansee ist aufgrund der Munitionsbelastung noch weitgehend gesperrt. Die Weite der prachtvollen Heidelandschaft kann jedoch bei geführten Wanderungen oder auf einem Naturlehrpfad, der mit einem Beobachtungsturm ausgestattet ist, erlebt werden. Dieser Weg wurde von Munition freigeräumt und kann gefahrlos begangen werden. Auf dem Weg von Henzendorf in die Heide befindet sich ein Findlingspark mit unbearbeiteten und von

SCHAFWEIDE BEI HENZENDORF
Heidschnucken betreiben Landschaftspflege

Künstlern bearbeiteten Findlingen. Jedes Jahr, Ende August, findet am Heidehof in Henzendorf das Heidefest statt.

Mühlen auf Touren

Auffälliges Zeugnis der Kulturgeschichte sind die vielen Mühlen des Schlaubetals. Wohl kein anderer Wasserlauf in einem Waldgebiet Brandenburgs verfügte je über so viele Wassermühlen, wie sie hier seit dem Mittelalter entstanden sind, und deren Mühlräder sich Jahrhunderte lang klappernd und rauschend gedreht haben. Seit dem 15. Jahrhundert machten sich die Bewohner der Region im Schlaube-, Oelse- und Dorchetal die Wasserkraft zunutze. Die Häufung der Mühlen in den drei Tälern ergab sich daraus, dass in der weiteren Umgebung sonst kein geeignetes Gewässer für einen störungsfreien Mühlenbetrieb vorhanden war. Heute findet hier jedoch längst kein Mühlbetrieb mehr statt. Dennoch lohnt sich ein Besuch der erhaltenen und liebevoll restaurierten Mühlen im Schlaube- und Dorchetal. Manche Mühle schafft heute auch wieder Lohn und Brot für ihre Betreiber, die sie als gemütliche Gaststätte betreiben oder ein sehenswertes Mühlenmuseum mit Schauvorführungen eingerichtet haben.

Eine Mühlentour von rund 14 Kilometern Länge verschafft Besuchern einen Eindruck von der Vielfalt der Mühlen im Schlaubetal. Ein guter Startpunkt ist die Bremsdorfer Mühle, wo sich das Mühlrad noch heute neben der Gaststätte dreht.

Danach führt die Wanderung entlang der Schlaube durch grüne Wälder zur Kieselwitzer Mühle. Dort befindet sich heute eine Fischaufzucht. Weiter geht es ins Oelsetal zur Klingemühle: Hier sollten Besucher einmal um den idyllisch gelegenen Mühlenteich wandern (4 Kilometer), bevor sie den Weg zur nahe gelegenen Jankemühle einschlagen. Nach einem kurzen Abstecher zur Walkemühle, von der leider nur noch Mauerreste vorhanden sind, gelangt man auf einem befestigten Weg zurück zum Ausgangspunkt.

Eine weitere empfehlenswerte Wanderung (7 Kilometer) führt von Müllrose zur Ragower Mühle. Als Startpunkt eignet sich gut der Markt im historischen Stadtkern von Müllrose. Am Ostufer entlang, mit seinem schönen Ausblick auf den Großen Müllroser See, erreicht man über den Bahnübergang Wustrow und den Belenzsee die Ragower Mühle.

Für die Ragower Mühle wurde einst wahrscheinlich sogar das Flussbett der Schlaube verlegt, um das Wasser in einen neu angelegten Mühlenteich zu leiten. Sie ist die einzige Mühle im Schlaubetal mit erhaltener Mühlentechnik, wurde als technisches Denkmal liebevoll restauriert und beherbergt eine Gaststätte mit Mühlenmuseum. Die Stauanlage wurde 2005 neu gebaut und durch ein Gerinne ergänzt, in dem wandernde Wassertiere auch flussaufwärts den Höhenunterschied überwinden können. Die waldreiche ursprüngliche Umgebung bietet sich besonders für Radtouren und Wanderungen an. Hier beginnt auch der „Christophoruspfad", ein Lehrpfad zum Thema Wasser. Er bietet Besuchern Gelegenheit, selbst aktiv zu werden, zum Beispiel mit einer Pumpe Wasser aus dem See in ein kleines Wasserspiel aus Holz zu befördern und dessen Lauf zu verfolgen. Am Ende des Pfades befindet sich ein Labyrinth, das auch für Rollstuhlfahrer geeignet ist.

Die schönste unter den Schlaubemühlen war und ist wohl die Bremsdorfer Mühle mit ihrem malerischen Fachwerk. Im ruhigen Mühlenteich spiegelt sich der schmucke Fachwerkbau der heutigen Ausflugsgaststätte wie ein verzaubertes Märchenschloss wider. Um die Tradition zu wahren, wurde an der Mühle das alte Wasserrad durch ein kleineres, neues ersetzt – es „klappert" heute noch.

BREMSDORFER MÜHLE
Wohl die schönste der Schlaubemühlen

Die benachbarte Jugendherberge wird vor allem von Schulklassen als „Stützpunkt" für Ausflüge in die Natur genutzt.

Die Müllroser Mühle ist die einzige noch produzierende
Mühle in Ost-Brandenburg, die auch heute wettbewerbsfähig ist.
Das Wasserrad am Abfluss des Großen Müllroser Sees gibt es
längst nicht mehr. Heute bestimmt der auffällige, 6-stöckige,
rote Ziegelbau der Industriemühle an seinem Nordufer zusammen
mit der Kirche und dem historischen Marktplatz die Silhouette
der Stadt. Es ist nachweislich der älteste Mühlenstandort des
Schlaubetals. Da die Mühle sich im ständigen Produktions-
betrieb befindet, sind Führungen nicht möglich.

BUCHENWALD AM HAMMERSEE
Prädikat „besonders wertvoll"

Ins Netz gegangen
Bachforellen sind eine gefragte Delikatesse

Naturpark für Wanderer

Der Naturpark Schlaubetal eignet sich hervorragend zum Wandern. Eine Vielzahl von kleineren und größeren Touren führen durch seine abwechslungsreiche Landschaft. Zum Beispiel rund um den Hammersee (5,5 Kilometer) durch die einzigartige Landschaft Siehdichum. Sie liegt mitten im Herzen des Schlaubetals. Wer die fünfeinhalb Kilometer um den See absolviert hat und danach im Forsthaus Siehdichum einkehrt, wird verstehen, woher dieser Ort seinen Namen hat.

Ein originelles Wandererquartier bietet die Wagenburg Groß Drewitz bei Guben. Hier wird auf echten Planwagen unweit des Kiefernwaldes am Göhlensee geschlafen. Besondere Attraktion für Besucher sind Mittelalterspiele wie „Knochenzielwurf", „Schandei" und „Hufeisenwerfen". Die Nacht kann im Freien oder in selbstgebauten Hütten verbracht werden, abends trifft man sich am Lagerfeuer und röstet Knüppelkuchen.

Eine echte Spezialität für Wanderer ist der „Schlaubetal-Teller", den 21 Gastwirte der Region servieren und auf dem

Gutes aus der Umgebung liegt. Fleisch und Wurst, Gemüse und Kartoffeln stammen von hier ansässigen Landwirten. Die fangfrischen Fische stammen aus den umliegenden Seen oder aus Teichen, die vor Jahrhunderten von Zisterziensermönchen angelegt wurden. Das Bier liefert die Klosterbrauerei Neuzelle, Waldpilze und Wildbret kommen aus den Wäldern der Gegend. Die Wege vom Erzeuger zum Verbraucher sind kurz, Frische und nachvollziehbare Herkunft dadurch garantiert.

Erholungsort Müllrose

In dem landwirtschaftlich geprägten, dünn besiedelten Naturparkgebiet gibt es 21 Dörfer und die mittelalterliche Kleinstadt Müllrose. Vor allem der Friedrich-Wilhelm-Kanal und die Mühlenindustrie verliehen Müllrose in früheren Zeiten wirtschaftliche Bedeutung. Seit Februar 1996 ist das mittelalterliche Bürgerstädtchen und Tor zum Naturpark als Erholungsort anerkannt. Über das ausgebaute Wanderwegenetz lässt sich der Naturpark von dort aus hervorragend erschließen. Wer in der Stadt bleiben will, schlendert die Uferpromenade entlang oder wandert vom historischen Marktplatz aus um den Müllroser See (ca. 9 Kilometer).

Der Müllroser See bietet eine reizvolle Naturlandschaft, im Sommer können die Badestrände am Frei- und Strandbad für eine erfrischende Unterbrechung der Wanderung genutzt werden. Der Rundweg führt vom Müllroser Markt an der Mühle vorbei zur Seeallee. Am Katharinensee und Freibad entlang geht es zum Bahnübergang Wustrow und zur Schlaubebrücke und am Westufer zurück in die Stadt.

Das Erbe der Zisterzienser – Kloster Neuzelle

Eine bedeutende Rolle in der geschichtlichen Entwicklung der Region spielte das 1268 gegründete Kloster Neuzelle. Neuzelle ist das einzige, einschließlich der Außenanlagen vollständig erhaltene Zisterzienserkloster Brandenburgs und eine der wenigen unzerstörten Klosteranlagen Deutschlands und Europas, zudem das größte Barockdenkmal Ost- und Norddeutschlands.

NEUZELLE
Blick auf die barocke Klosterkirche

Der Klosterkomplex wurde zwischen 1300 und 1330 errichtet. Die dreischiffige Hallenkirche der Abtei wurde in der für die Gegend typischen Backsteingotik ausgeführt. Im Mittelalter konnten die Mönche von Neuzelle umfangreichen Grundbesitz erwerben. Über 30 Dörfer in der Niederlausitz und einige der Mark Brandenburg gehörten zur Klosterherrschaft. Im Verlauf des Dreißigjährigen Krieges wurde die Klosteranlage schwer beschädigt und danach beim Wiederaufbau konsequent im Stil des Barock umgestaltet. Die Neuzeller Stiftskirche St. Marien ist der bedeutendste Sakralbau der Niederlausitz. Sie blieb katholisch, während die ehemalige Leutekirche „Zum Heiligen Kreuz" evangelische Pfarrkirche wurde. Neuzelle ist heute ein beliebtes touristisches Reiseziel mit umfangreichem kulturellen Angebot.

WINTERLICHE SCHLAUBE AM HAMMERSEE
Der Hammersee wird von der Schlaube durchflossen

NATURPARK SCHLAUBETAL

Besucherinformation

Naturpark Schlaubetal
Wirchensee, OT Treppeln   15898 Neuzelle
Fon 033673 422   Fax 033673 550 51
np-schlaubetal@lua.brandenburg.de

Anfahrt
Regionalexpress RE 1 Bhf. Eisenhüttenstadt, Bus 401 (nicht am
Wochenende)

B 246 zwischen Beeskow und Eisenhüttenstadt, Abzweig nach
Wirchensee

Tourismusinformation

Schlaubetal-Information im Haus des Gastes
Kietz 5   15299 Müllrose
Fon 033606 772 90
www.schlaubetal-online.de
www.muellrose.de

Reiseführer

Beate Schubert u.a. (Hrsg.), Brandenburg. Der Süden Band 2:
Die Niederlausitz und das Elbe-Elster-Land, ProLineConcept-
Verlag, Templin 2004, ISBN 3-931021-50-5

Karten

Landesvermessung und Geobasisinformation Brandenburg (Hrsg.),
Topographische Freizeitkarte 1:50 000 Naturpark Schlaubetal.
Wandern, Radfahren, Potsdam 2005, ISBN 3-7490-4089-3

Kompass-Karten-GmbH (Hrsg.), Schlaubetal 1 : 50 000.
Kompass-Wanderkarten, Blatt 1043: Spezial Wander-, Rad- und
Reitwegekarte (mit Begleitheft), 2. Auflage 2005,
ISBN 3-85491-797-X

10   SEEN UND GESEHEN WERDEN

Ein lautes Kreischen erfüllt die Luft – ein Geräusch, das die Leute innehalten und zum Himmel blicken lässt. Es ist ein großer Gänseschwarm, der über ein Dorf hinweg fliegt. Einige der Beobachtenden ducken sich unwillkürlich und blicken der wilden Horde nach, die sich zum Äsen laut schnatternd auf dem nächsten Feld niederlässt. Wenig später ist es wieder still. Im Frühjahr übernehmen dann sofort die Singvögel wieder das Regiment über Zwitschern und Pfeifen, Trällern und Tirilieren.

Für die Menschen in den Dörfern rund um die Groß Schauener Seenkette im Naturpark Dahme-Heideseen ist eine solche Geräuschkulisse normal, besonders zur Zeit des Vogelzugs im Frühjahr und Herbst. Tierische Konzertdarbietungen aller Art – Kreischen, Gackern, Piepsen, oder Gurren – sind ihnen wohlbekannt. Schließlich teilen sie dieses idyllische Stück Land mit vielen gefiederten Mitbewohnern und solchen auf vier Pfoten. Aus den dichten Schilfgürteln der Seen ertönen besonders im Frühjahr die Rufe der Rohrdommel und die klangvollen Melodien diverser Rohrsänger. Aus Gebüschen erschallen die virtuos vorgetragenen Strophen der Nachtigall, und die Kormorane veranstalten in ihrer Kolonie ein ganz schönes „Remmidemmi". Im Erlenbruchwald und den Nasswiesenbereichen sind die ersten gold-gelb blühenden Sumpfdotterblumen zu sehen. Der Kranich besetzt seine Brutplätze und die 40 bis 60 Brutpaare der Graugans sitzen schon versteckt auf ihren Gelegen. Überall am Seeufer, besonders gut am Steg der Fischerei Köllnitz, hört der Naturliebhaber die glucksenden Rufe der Moorfrösche, die im Flachgewässer ablaichen.

Die Groß Schauener Seenkette vermittelt Besuchern den Eindruck von „unberührter Natur". Die Seen sind Restgewässer großer wassergefüllter Becken und als Flachsee mit einer durchschnittlichen Wassertiefe von nur zwei Metern ausgebildet. Sie verlan-

HAUBENTAUCHER
Brautwerbung mit Geschenken

GROSSER MILASEE
Der See hat besonders weiches, klares Wasser

den langsam. Die riesige Wasserfläche (960 Hektar) wirkt wie
ein einziger See.

Breite Schilfgürtel und nahezu undurchdringliche Uferzonen
bieten zahllosen Tieren Deckung. Hier sind das Treiben der Haubentaucher und der Gaukelflug der Rohrweihe zu beobachten.
See- und Fischadler zeigen über den Wasserflächen ihre Flugkünste
oder halten von hohen Ansitzen auf abgestorbenen Bäumen
Ausschau nach Beute. Ein besonderes Naturschauspiel bietet der
Seeadler, wenn er über der Kormorankolonie auf der Halbinsel
Wochowsse kreisend auf das Schlüpfen der Jungvögel lauert, um
dann eine leichte Beute zu haben. Im Umfeld liegen dann noch
einige kleine Waldseen: Dobrasee, Alter Wochowsee, Küchensee
und der fast verlandete Karasee. Das etwa 10 Quadratkilometer
große Naturschutzgebiet entwickelt sich bereits in weitgehend
natürlicher, vom Menschen wenig beeinflusster Weise. Die Flach-
wasser-Seenkette zählt zu den bedeutendsten in Europa. Das
Gebiet gehört zu den „Heinz Sielmann Naturlandschaften". Die
Stiftung des berühmten Naturfilmers hat das Areal erworben,
um diese ökologisch bedeutenden Flächen für den Naturschutz
zu sichern und als Lebensraum für bedrohte Arten wie Fischotter,
See- und Fischadler, Rohrdommel und Kranich zu erhalten.

NATURPARK DAHME-HEIDESEEN

In Zusammenarbeit mit einem Partnerbetrieb wird die extensive Fischerei im Seengebiet fortgeführt. Naturverträglicher Tourismus ermöglicht es Besuchern, die Natur direkt zu erleben. Ein 32 Kilometer langer Radweg führt durch die wertvollen Naturräume und einmal rund um die Seenkette. Der Beobachtungsturm bei Selchow ermöglicht einen Einblick in die lebhafte Welt der Wasservögel. Unterwegs kann man in den Sommermonaten im Wochenendcafé im Dörfchen Wochowsee einkehren oder im Dobrasee baden. Empfehlenswert ist ein Aufenthalt in der „Erlebniswelt Fischerhof" mit Restaurant und Hotelbetrieb, mit Fischereimuseum und „Adler TV": Besuchern wird hier eine „Live-Show" mit Blick in die Kinderstube einer Fischadlerfamilie geboten. Ein Naturlehrpfad führt zu einem weiteren, nahe gelegenen Aussichtsturm. Auch Führungen durch die Erlebniswelt, insbesondere durch das Fischereimuseum und über den Fischereilehrpfad, werden regelmäßig angeboten.

ERHOLUNGSZENTRUM HÖLZENER SEE
Lehmmischen „zu Fuß" für einen Lehmbackofen

Storkow – „Mekka" für Paddler und Radler

Mit erstmaliger Erwähnung im Jahre 1209 gehört Storkow zu den ältesten Städten der Mark Brandenburg. Wechselnde Adelsherren haben hier gewirkt und die Region geprägt. Als Ausgangspunkt für die Neugründung der Siedlungen Beeskow, Friedland, Lieberose und andere hatte die Storkower Burg besondere Bedeutung. Die Besitzer der Burg wechselten häufig. 1978 zerstörte ein Brand das Hauptgebäude vollständig. Im bereits wieder hergestellten Fachwerkhaus befinden sich heute die Touristinformation der Stadt Storkow und die Stadtbibliothek. Auf der ebenfalls schon fertiggestellten Freilichtbühne im Burghof finden Konzerte und Theatervorführungen statt, die durch den historischen Rahmen der Burganlage ein besonderes Flair erhalten. Über den 1746 angelegten Storkower Kanal wurde eine Verbindung mit der Dahme, die ursprünglich der Flößerei diente und heute eine beliebte Wasserroute der Touristen ist, zu den Berliner Gewässern hergestellt.

Die Stadt Storkow entwickelte sich in den letzten Jahren immer mehr zu einem Mekka für Radler. Rund um die Stadt und den Scharmützelsee entstand ein gut ausgebautes Radwegesystem von mehr als 600 Kilometern, das noch ständig erweitert wird.

Die „Nachtigall" von der Bugker Sahara

Der Naturpark Dahme-Heideseen mit seinen über hundert Seen, zahlreichen Fließgewässern, Quellen und Mooren und den im Kontrast zum Gewässerreichtum kargen, sandigen Böden und Dünen ist eine typische Jungmoränenlandschaft. Sanfte Hügel, Binnendünen und herausragende Erhebungen in Kombination mit den weiträumigen, unzersiedelten Waldgebieten ergeben ein ebenso abwechslungsreiches wie schönes Landschaftsbild. Und auch die offene, reich gegliederte Kulturlandschaft mit Wiesen, Feldern und langen Alleen, die sich durch menschliche Nutzung aus der ursprünglichen Wald- und Sumpflandschaft entwickelt hat, ist eine Wohltat fürs Auge.

Kiefernwälder mit ihrem würzigen Duft bedecken weite Teile der Naturparkfläche. Es gibt aber auch urtümliche Eichenmischwälder mit alten, knorrigen Traubeneichen, zum Beispiel in den Naturschutzgebieten „Dubrow" (slaw. Eiche) und „Radeberge". Erlenbruchwälder in den Verlandungsbereichen der Seen wecken mit ihrem feuchten, sumpfigen Untergrund und ihrer Unzugänglichkeit bei vielen Besuchern die Assoziation von „Urwald". Den kargen Böden mit ihren Kiefernwäldern, der Dahme und den vielen Seen verdankt der Naturpark seinen Namen.

In der vielgestaltigen, abwechslungsreichen Landschaft ist ein großes Artenspektrum der Tier- und Pflanzenwelt zu Hause. Die Flechten-Kiefernwälder und Sandtrockenrasen bieten Arten wie der Schlingnatter, dem Wolfsmilchschwärmer, dem Silbergras und der Grasnelke Lebensraum. Der Wolfsmilchschwärmer ist ein Nachtfalter, ursprünglich beheimatet im Mittelmeerraum.

Ein selten gewordener Charaktervogel der trockenen, lichten Kiefernwälder mit großen freien Stellen und sandiger Heidegebiete mit lockerem Baumbestand ist die Heidelerche. Sie ist vor allem auf den ehemaligen Truppenübungsplätzen bei Hermsdorf und in der Bugker Sahara – einem trockenen Kiefernwaldgebiet in der Nähe von Storkow – anzutreffen. Ihr Reviergesang ist überaus abwechslungsreich und besteht aus bis zu 100 unterschiedlichen Strophen. Manche halten sie für einen besseren Sänger als die Nachtigall. Manchmal kann man bei Spaziergängen ihre kunstvoll gebauten Nester mit Resten der weißlichen grau und braun gescheckten Eier im Gras entdecken.

Die Entlehnung des Namens von der großen afrikanischen Wüste für die „Bugker Sahara" ist natürlich eine maßlos übertriebene, aber populäre Bezeichnung. Sie rührt von den gelben Sandflächen her, auf denen sich, anders als in Afrika, ein bizarrer Bauernkiefernwald mit Flechten, Moosen und Silbergras ausbreitet. Überall finden sich dort seltene, wärmeliebende Tierarten

SANDLAUFKÄFER
Typischer Bewohner der Bugker Sahara

wie der Wiedehopf, die Zauneidechse und Sandlaufkäfer. Auf Grund des nährstoffarmen Untergrunds wachsen Bäume hier nur langsam und fast strauchartig. Aus forstwirtschaftlicher Sicht war dieser Bewuchs nie ein Nutzwald. So ist in der Bugker Sahara und an manchen anderen Standorten im Naturpark ein geradezu mystisch wirkender „Märchenwald" erhalten geblieben.

Willy Walker und die Verwandtschaft in der „Kneipe"

Wenn der Tag geht, kommt Willy Walker, Wappentier des Naturparks und Maskottchen, das durch die Ausstellung des Besucherzentrums in Prieros führt. Der Walker ist ein Verwandter des Maikäfers, ein dämmerungs- und nachtaktives, bis dreieinhalb Zentimeter großes Krabbeltier aus der Familie der Blatthornkäfer. Sein Lebensraum befindet sich an und in warmen, sandigen Kiefernwäldern. Das Weibchen legt im Sommer seine Eier im Sandboden ab. Die Larve des Walkers ernährt sich von Wurzeln, die Käfer fressen Kiefernadeln. Auffällig ist die marmorierte, schwarz-braun-weiße Zeichnung der Käfer und die großen

KÄMPFENDE HIRSCHKÄFER
Hirschkäfer sind Blatthornkäfer wie der Walker

gefiederten Antennen mit denen vor allem die Männchen ausgestattet sind. Der Walker ist in den letzten Jahren sehr selten gesehen worden. Etwas häufiger findet man seinen Verwandten, den Hirschkäfer, der im Naturschutzgebiet Dubrow (slawisch für Eiche) mit seinen stattlichen Alteichen einen idealen Lebensraum vorfindet. Hirschkäfer ernähren sich als ausgewachsene Tiere fast ausschließlich von – manchmal angegorenen – Baumsäften und dem Saft reifer Früchte. Ein Leben wie in der Kneipe, sozusagen – kurz, intensiv und mit stets verfügbaren „Getränken". Denn während die ausgewachsenen Käfer nur etwa einen Monat lang leben, brauchen ihre Larven für ihre Entwicklung mehrere Jahre. Dabei sind sie auf den Mulm modernder Eichenstubben als Nahrung angewiesen. Auch der Hirschkäfer ist inzwischen sehr selten und steht wie der Walker unter Naturschutz. Das auffällige „Geweih" besitzen nur die Hirschkäfermännchen, es sind die vergrößerten Oberkiefer des Käfers. Sie dienen nicht mehr als Fresswerkzeug, sondern ausschließlich für die Paarungskämpfe: Rivalen werden damit vom Baum gehebelt oder auf den Rücken gedreht. Wer unter der fachkundigen Aufsicht des Försters im „Haus des Waldes" bei Gräbendorf schon einmal einen Hirschkäfer mit seinem stattlichen „Geweih" auf der Hand gehalten hat, wird dieses Erlebnis so schnell nicht vergessen.

Das Haus des Waldes ist ein forstliches Zentrum der Waldpädagogik in Brandenburg mit Bibliothek, Werkstatt, Streuobstwiese, Spielplatz, Walderlebnisgarten und Walderlebnispfad. Auch Lagerfeuerstelle, Backofen und Grillplatz gehören zur Ausstattung. Für Besucher gibt es eine Fülle von Veranstaltungsangeboten: Vorträge, Exkursionen und Führungen. Das Haus des Waldes liegt im Naturschutzgebiet Dubrow südöstlich von Königs Wusterhausen.

Der Naturpark und seine Dahme

Die Naturpark-Region ist altes Siedlungsgebiet. Funde zeigen, dass es hier schon vor 7.000 Jahren menschliche Siedlungen gab. In einer nahe Klein Köris gelegenen Ausgrabungsstätte wurden Überreste einer germanischen Siedlung aus dem 2. oder 3. Jahrhundert freigelegt. Führungen durch das Freilichtmuseum Klein Köris können mit dem örtlichen Förderverein vereinbart werden.

Schon seit Fontanes Zeiten und besonders seit Beginn des 20. Jahrhunderts kommen die Berliner zahlreich „raus int Jrüne". Das Dahme-Seengebiet ist ein traditionelles Bade- und Wasser-sport-Revier.

Den Dichter brachten in der zweiten Hälfte des 19. Jahr-hunderts die damals noch unberührten Dörfer und Siedlungen zum Schwärmen, als er an Bord der „Sphinx" auf dem Wasserweg von Köpenick über Dolgenbrodt nach Teupitz reiste. Im vierten Teil der „Wanderungen durch die Mark Brandenburg" (im Kapitel „Spreeland" unter der Überschrift „Die Wendische Spree – An Bord der Sphinx", 1881) hat Fontane diese Route beschrieben.

In den 1920er Jahren entstanden vor allem entlang der Dahmegewässer neue Einfamilien- und Wochenendhaussiedlun-gen, Hotels und Zeltplätze. Die Berliner schätzen den Landstrich besonders als Wochenendadresse für Erholung und Entspannung. Viele traditionsreiche Ruder- und Kanusportvereine in Blossin, Wolzig und Storkow haben sich in diesem Wassersportrevier vor den Toren Berlins mit seinen naturnahen Fließen angesiedelt. Gerne wird auf der Dahme von Prieros nach Märkisch Buchholz gepaddelt oder vom Storkower See über die für Motorboote gesperrte Glubigseenkette bei Wendisch Rietz zum Springsee. Vom Wolziger See über den Storkower Kanal erreichen Was-sersportler, von Prieros kommend, auch das Oder-Spree-Seen-gebiet bis zum Scharmützelsee auf dem Wasserweg.

Paddeln von Prieros nach Märkisch Buchholz

Prieros ist ein sympathischer Ausflugsort mit schöner Dorf-aue, der sich nicht nur für Wasserwanderer besonders gut als Ausgangspunkt oder Zielort eignet. Auch Wanderungen, Reit- und Radtouren bieten sich von Prieros oder Umgebung aus an. In Prieros ist das Naturpark-Besucherzentrum in einem ehemali-gen Nebengebäude der alten Prieroser Schule untergebracht. Ein Biogarten zeigt auf kleinstem Raum die wichtigsten Lebensraum-typen des Dahme-Heideseengebiets. Das mit Reed gedeckte Heimathäuschen auf dem Dorfplatz unweit der Kirche beher-bergt eine Sammlung zur Ortsgeschichte – liebevoll zusammen-getragene Schätze der Heimatkunde. Prieros wurde einst als sla-wisches Rundlingsdorf angelegt.

KIRCHE IN GÖRSDORF BEI STORKOW
Mit Fachwerkturm und sehenswertem Innenraum

Die umgebenden Wälder, Wiesen und Badeseen und nicht zuletzt auch die preiswerten Quartiere, auch für Familien und Schulklassen, machen das Dorf zu einem idealen Erholungsort.

Eine beliebte Paddeltour führt von Prieros nach Märkisch Buchholz. In der 1301 erstmalig als „Buchholt" urkundlich erwähnten Stadt gibt es eine sehenswerte Kirche aus dem 14. Jahrhundert. 1908 bis 1912 wurde der Spreeumflutkanal mit diversen Wehren gebaut und die Dahme schiffbar kanalisiert. In dieser Zeit entstand auch die beeindruckende Kaskaden-Wehranlage mit der eine Höhendifferenz von mehr als 6 Metern überwunden wird. Im Zuge von Sanierungsarbeiten wurde hier eine Sportbootschleppanlage installiert. Märkisch Buchholz wird auch gern als das „Tor zum Spreewald" bezeichnet, weil man von hier über den Kanal und den Köthener See direkt auf dem Wasserwege dorthin kommt.

Echte Pferdestärken

Für Reiter gibt es im Naturpark Dahme-Heideseen mehr als 30 Reiterhöfe, und diverse Reitvereine bieten gute Voraussetzungen für erlebnisreiche Streifzüge hoch zu Ross. Rund um Prieros sind Besucher besonders gerne mit Planwagen oder Pferdekutsche unterwegs. Eine beliebte Tour startet an der Fischerei Köllnitz beziehungsweise dem Aalhof Gödicke und führt durch Wälder, Felder und Wiesen zu einem Landwirtschaftsbetrieb nach Streganz. Dort kann man Produkte aus eigener Schlachtung verkos-

HEIMATHAUS PRIEROS
Traditionelles Handwerk

PLANWAGENTOUR
Im so genannten Kremser

ten und einen Einblick in das Leben auf dem Lande bekommen.
Für die Kinder gibt es viele Tiere zum Streicheln. Die Tour endet
in Prieros. Dort können die Naturparkausstellung im Besucherzentrum, das Heimathaus, der Biogarten oder der Botanische
Garten besucht werden. Sehenswert ist auch der neue Dorflehr-
pfad rund um den alten Prieroser Dorfanger.

Leberblümchen im Dahmetal und klingende Quellen bei Tornow

Am südlichen Rand des Naturparks ist die Dahme ein naturnaher Flusslauf mit Mäandern und Altarmen, angrenzenden
Feuchtwiesen und bewaldeten Moränenhängen. Das „Dahmetal
bei Briesen", ein Naturschutzgebiet, das nur etwa einen Kilometer südwestlich von Briesen im Süden des Naturparks liegt, ist

NATURPARK DAHME-HEIDESEEN

für den Bootsverkehr gesperrt. Das Schutzgebiet ist Lebensraum für seltene und gefährdete Tiere wie Eisvogel oder Fischotter. Angler wissen diesen Teil des Flusses als Laichgebiet für viele Fischarten zu schätzen und engagieren sich für dessen Schutz. Für Naturliebhaber ist eine Wanderung auf den schmalen Pfaden entlang der Hänge von Staakmühle nach Briesen besonders zu empfehlen, wenn im Frühjahr zwischen den Buchen Buschwind- röschen und Leberblümchem blühen.

Ein paar Kilometer westlich in der Nähe von Teupitz liegt der Tornower See. Er kann fast vollständig auf einem ufernahen Weg umwandert werden. Auf einem etwa eineinhalb Kilometer langen Abschnitt von Klingespring bis Hohe Mühle ist ein Natur- lehrpfad angelegt. Unterwegs informieren Schautafeln über den Wald als Lebensraum und seine Arten. Bei der Wanderung durch

GROSS SCHAUENER SEENKETTE
Otterspuren im Schnee

KLINGESPRING AM TORNOWER SEE
Verbindung zum Briesensee

das Naturschutzgebiet Briesensee-Klingeberg trifft man auf geo-
logische Besonderheiten wie das Klingespring, ein Erosionstal
mit naturnahem Wald. Dort stehen über 200 Jahre alte Kiefern
aus natürlichem Aufwuchs, dazwischen Tüpfelfarn und zahlreiche Wintergrüngewächse. Besonders üppig muten die Quellen
und naturnahen Fließe mit seltenen Pflanzen wie Brunnenkresse,
Sauerklee und Milzkraut an. Früher trieb das aus dem Hang rin-
nende Wasser ein kleines Glockenspiel an, so kamen „Klingespring" oder „Klingeberg" zu ihrem Namen.

Philadelphia, Boston und ein Hauch von Nordsee
Philadelphia würden wohl die wenigsten Touristen an der
Nordsee oder in einer Großschutzgebietslandschaft des Landes
Brandenburg vermuten. Es ist auch allenfalls ein Hauch von
Nordsee, der bei Philadelphia, dem kleinen, ehemaligen Kolonis-

NATURPARK DAHME-HEIDESEEN

tendorf im Naturpark Dahme-Heideseen, zu spüren ist. Im Gebiet zwischen Storkow und Philadelphia tritt stellenweise salzhaltiges Wasser aus dem Erdboden. Es stammt aus unterirdischen Salzschichten, die vor mehreren Millionen Jahren durch das Austrocknen eines Meeres entstanden sind. Hier finden sich Pflanzen und Tiere, die diese Lebensräume bevorzugen, zum Beispiel Strandaster, Stranddreizack und Salz-Binse – Seltenheiten in dieser vom Meer weit entfernten Landschaft und eben vielleicht ein Hauch von Nordseestrand. Würde man den Boden hier kosten, wäre das Salz zwar nicht zu schmecken. Doch der Salzgehalt reicht aus, um der an dieses salzige Milieu angepassten Vegetation einen Konkurrenzvorteil zu verschaffen. Binnensalzstellen, die zu den geschützten Lebensräumen gehören, gibt es wenige, aber auch anderswo in Brandenburg.

Was die fremdländischen Namen anbelangt, hat der Naturpark Dahme-Heideseen noch ein paar mehr davon zu bieten. Zwischen Philadelphia und Boston liegt hier zwar nicht New York, sondern Storkow. Dafür ist in diesem Großschutzgebiet des Landes Brandenburg Kamerun nur ein paar Kilometer entfernt, an anderer Stelle findet sich sogar eine „Sahara". Die kleinen brandenburgischen Dörfer erhielten ihre Namen großer amerikanischer Städte vom Preußenkönig Friedrich II., der ein großer

BEOBACHTUNGSTURM SELCHOW
Weiter Blick über die Groß Schauener Seenkette

WALDGEBIET FASANERIE PHILADELPHIA
Hier wurden einst Fasane gezüchtet

Amerika-Fan war: Die Kolonisten hatten sich beschwert über die den Dörfern mit ihren Urkunden zugewiesenen Namen. So hatte Philadelphia ursprünglich „Hammelstall" geheißen.

Königs Wusterhausen und die königliche Jagdleidenschaft

Königs Wusterhausen mit seinen direkten Verkehrsanbindungen an Berlin stellt heute das nordwestliche Tor zum Naturpark dar. Als Friedrich Wilhelm I. (1713 bis 1740), der spätere „Soldatenkönig" und „Vater des Regiments der langen Kerls", als zehnjähriger Kurprinz den Ort von seinem Vater zum Geschenk erhielt, hieß er noch „Wendisch Wusterhausen". Als König ließ er die alte Burg zum Jagdschloss ausbauen und benannte den Ort in Königs Wusterhausen um.

Friedrich Wilhelm I. war ein leidenschaftlicher Jäger. Im Jagdschloss von Königs Wusterhausen hielt er seine berühmten Tabakskollegien ab und veranstaltete große Hofjagden. Eigens zum Jagen ließ Friedrich Wilhelm I. 1724 den 140 Hektar großen Königs Wusterhausener Tiergarten anlegen. Zuweilen wurden bei solchen Jagden 600 Forstbeamte und 4.000 Treiber aufgeboten. 110 Kilometer Wald wurden mit Netzen und Tüchern umstellt. In die Jagdgeschichte ging der Tausch der wohl berühmtesten Rotwildtrophäe der Welt gegen ein paar „lange Kerls" ein, den der Soldatenkönig 1727 mit dem sächsischen Kurfürsten August I. (dem Starken) abschloss: Friedrich gab das Geweih eines von seinem Vater bereits 1696 in der östlich Berlins gelegenen Jacobsdorfer Heide erlegten „66-Enders" dafür her. Seitdem hängt das Geweih nicht mehr in Königs Wusterhausen, sondern im Jagdschloss Moritzburg bei Dresden. Das Schloss in Königs Wusterhausen ist nach aufwendigen Renovierungsarbeiten heute als Museum für Besucher geöffnet, zum Thema Jagd gibt es eine Fülle interessanter Informationen und Exponate.

Der letzte Preußenherrscher Wilhelm II. (1888 bis 1918) soll historischen Aufzeichnungen zufolge 78.300 Wildtiere, darunter 2.133 Rothirsche, geschossen haben. Diese Jagdlust befriedigte der Kaiser j.w.d: „janz weit draußen". Zu seinen Lieblingsrevieren zählte unter anderem die Dubrow im Dahmeland. Ein Gedenkstein in den Katzenbergen erinnert noch heute an die letzte Hofjagd am 08. November 1913 in der in einer Jagdzeit von einer Stunde und fünfzehn Minuten 560 Stück Wild erlegt wurden – von Kaiser Wilhelm II. allein 10 Schaufler und 10 Sauen.

Waldfriedhof Halbe

In Halbe, unmittelbar an der Bahnstrecke zwischen Berlin und Cottbus gelegen, befindet sich die größte Kriegsgräberstätte der Bundesrepublik Deutschland. Auf dem Waldfriedhof sind an die 26.000 Soldaten und Zivilisten, die ihr Leben noch kurz vor Ende des Zweiten Weltkriegs in der Kesselschlacht bei Halbe verloren, beigesetzt. Die Gesamtzahl der Toten bei dieser Kesselschlacht ist nicht bekannt, wird aber auf 60.000 Gefallene geschätzt. Auch heute werden in der Region bei Bauarbeiten oder anderen Gelegenheiten immer noch Gebeine gefunden, monatlich finden Bestattungen dieser Toten statt. Kleine, unscheinbar wirkende Grabsteine erinnern auch an Hunderte Opfer der Stalinära aus dem nahe gelegenen Internierungslager Ketschendorf, die hier ebenfalls beigesetzt sind.

KOPFWEIDEN BEI GROSS SCHAUEN
Ohne Beschnitt würden die Weiden zusammenbrechen

Der denkmalgeschützte Waldfriedhof wurde 1951 von den Potsdamer Landschaftsarchitekten Walter Funke und Hermann Göritz als großräumige Parkanlage geplant. Die an eine Kiefernheide angelehnte Bepflanzung übernahm unter anderem der Betrieb des bekannten Staudenzüchters und Gärtners Karl Foerster. Mit ihrer friedlich wirkenden Natürlichkeit verleiht sie dem Ort eine besondere Würde. Der Park des Soldatenfriedhofs steht unter Denkmalschutz.

Besucherinformation

Naturparkverwaltung Dahme-Heideseen
Besucherzentrum
Arnold-Breithor-Str. 8   15754 Heidesee OT Prieros
Fon 033768 96 90
np-dahme-heideseen@lua.brandenburg.de
www.grossschutzgebiete.brandenburg.de

Biogarten Prieros
Mühlendamm 14   15754 Heidesee OT Prieros
Fon 033768 501 30

Anfahrt
S-Bahn S 46, Bhf. Königs Wusterhausen, Bus 724 (wochentags)
nach Prieros, Dorf

Autobahn A 12 Richtung Frankfurt (Oder), Abfahrt Friedersdorf
über Friedersdorf und Kolberg nach Prieros

Haus des Waldes
15754 Heidesee OT Gräbendorf
Fon 033763 644 44   Fax 033763 644 43

Tourismusinformation

Tourismusverband Dahmeseen e.V.
Am Bahnhof   15711 Königs Wusterhausen
Fon 03375 25 20 19

Fremdenverkehrsverein
Märkische Tourismus-Zentrale e.V.
Rathaus
Berliner Str. 30   15748 Beeskow
Fon 03366 229 49

Reiseführer

Rasmus, Carsten und Klaehne, Bettina, Wander- und Naturführer
Naturpark Dahme-Heideseen, KlaRas-Verlag Berlin 1999,
ISBN 3-933135-06-0

Beate Schubert u.a. (Hrsg.), Brandenburg. Der Osten Band 2: Die
Märkische Schweiz, das Land Lebus & und die Beeskow-Storkower
Seen, ProLineConcept-Verlag, Templin 2003, ISBN 3-931021-48-3

Karte

Landesvermessung und Geobasisinformation Brandenburg (Hrsg.),
Topographische Freizeitkarte 1:25.000 Dahme-Seengebiet – mit
Wanderwegen, Potsdam 2006, ISBN 3-7490-4078-8

11   TEUFELS WERK UND SPREEWÄLDERS BEITRAG

Der Spreewald ist ein teuflisch schönes „Paradies". Die
Spree, eben noch ein „ordentlicher" Fluss, fächert sich plötzlich
in Hunderte von Wasserläufen auf. Der Legende nach lieferte
hier einst Luzifer eher unfreiwillig ein Meisterstück ab: Ihm gingen die Ochsen durch, die er vor seinen Pflug gespannt hatte, um
das Bett der Spree umzubrechen. Wild hin und her springend,
rissen die Tiere einen Wirrwarr an Gräben und Kanälen ins Erdreich.

Wie ein dichtes Netz durchziehen diese Fließe die Landschaft. Eingeschlossen in dieses Labyrinth der Wasserläufe liegen
hohe Wälder, kleine Wiesen und Felder und romantisch anmu-
tende Siedlungen. Für Besucher eine ansprechende Idylle. Aber
das Leben hier war immer hart.

Denn Jahrtausende lang war die sumpfige Spreeniederung
allein von einem Urwald aus Erlen und Eschen, Ulmen und Stiel-
eichen überzogen, in dem Wölfe, Hirsche und sogar Elche lebten.
Menschen siedelten nur in den Randlagen des unwirtlichen Wald-
gebietes. Erst ab dem 17. Jahrhundert begannen sie, auch den
sumpfigen inneren Spreewald zu erschließen. Mühsam haben
Generationen von deutschen und wendischen Siedlern gleichsam
vom Kahn aus den Urwald gerodet und kultiviert. Auf Schwemm-
sandinseln, den Kaupen, errichteten sie ihre Gehöfte, verwandelten gut drei Viertel des Waldes in Wiesen oder in die durch Erd-
aufschüttung künstlich erhöhten Horstäcker. Dort wurden Getreide,
Kartoffeln und Gemüse gezogen, zum Beispiel die heute zu Be-
rühmtheit gelangte Spreewaldgurke und der Meerrettich. So
formten die Menschen über die Jahrhunderte das unverwechselbare Gesicht des Spreewaldes, das auf Besucher urwüchsig und
idyllisch, fast wie ein großer Landschaftspark wirkt.

Mit dem Urbarmachen und Besiedeln des Urwaldes veränderte sich nicht nur das Bild der Landschaft. Auch die Zahl der

SPREEWALDFLIEẞE
„Teufelswerk" durch Eiszeit und Menschenhand

heimischen Tier- und Pflanzenarten nahm erheblich zu. Denn zu den Tieren und Pflanzen des Waldes und der Fließgewässer gesellten sich nun die der offenen Landschaft.

Bis ins 20. Jahrhundert gestaltete sich das Leben in der Fließlandschaft auf ganz eigene, ziemlich mühselige Weise. Dörfer und Äcker waren häufig ausschließlich auf dem Wasserwege erreichbar, die Gehöfte ringsum von Fließen eingeschlossen, der Kahn war das einzige Transportmittel. Hochwasser und Trockenzeiten erschwerten das ohnehin harte Dasein.

Typisch Spreewald: Markenzeichen alt und neu

Natürlich ist die Verzweigung der Spree kein Teufelswerk, sondern eine Folge der jüngsten Eiszeit. Gletscher hatten im Norden des heutigen Oberspreewalds und am Westrand des Unterspreewalds gewaltige Moränenzüge aufgetürmt, die Schmelzwasser flossen am Ende der Weichsel-Vereisung durch das Baruther Urstromtal Richtung Westen ab. In dieses Urstromtal ergoss sich nördlich der heutigen Stadt Cottbus die Spree, hier erstreckt sich der Oberspreewald. Beim heutigen Lübben, wo das enge Durchbruchstal alle Spreewaldfließe wieder in einen Wasserlauf zwängte, bog die Spree nach Norden ab und verzweigte sich im Bereich einer alten Gletscherzunge nochmals – zum Unterspreewald.

Geringes Gefälle und eine nahezu ebene Geländeoberfläche formten schließlich das eigentliche Labyrinth der Fließe. Wasseradern, die sich ständig veränderten, durchflossen die durch die Eiszeit geschaffene Spreeaue, Pflanzenreste setzten sich im Wechsel der Strömungen ab, Überflutungen trugen bei zur Entstehung von Mooren, und schließlich überzog der Urwald die Spreeniederung.

Heute lassen allein die naturnahen Wälder im Unterspreewald ein wenig ahnen, wie es damals war. So zum Beispiel der Buchenhain bei Schlepzig, wo auf feuchtem Grund Erlen- und Eschenwald wächst, an höher gelegenen Stellen Stieleichen und Hainbuchen das Bild bestimmen. Dagegen ist der märchenhafte Erlenhochwald im Oberspreewald – wie die Gurke und der flache

REETDACHHAUS IN LEHDE
Dachdecken mit Naturmaterialien

handgestakte Kahn traditionelles Markenzeichen der Region –
größtenteils künstlich begründet. Er ist ein Produkt der geregel-
ten Forstwirtschaft, die in der ersten Hälfte des 19. Jahrhunderts
eine Periode ablöste, die von der Übernutzung der Wälder geprägt
war.

Ein neues Markenzeichen erhielt der Spreewald im Jahr
1990 mit seiner Ausweisung zum Biosphärenreservat und der
Anerkennung durch die UNESCO im Jahr darauf – als eines von
rund 400 Biosphärenreservaten weltweit. Aufgabe des Schutzgebietes ist nicht nur, die vom Menschen geprägte und dennoch
weitgehend naturnahe Auenlandschaft zu erhalten oder, wo es
Not tut, Fehler der Vergangenheit zu „reparieren". Der Anspruch
ist höher: Er zielt darauf, die Region umfassend ökologisch zu
betreuen und das Leben und Arbeiten gemeinsam mit den Spree-
wäldern nachhaltig zu gestalten.

BIOSPHÄRENRESERVAT SPREEWALD

Vielfalt, Abwechslung, Artenreichtum

Schon vor mehr als hundert Jahren entdeckten Künstler den besonderen Zauber des Spreewaldes. Malern der Romantik bot er viele Motive. Für Theodor Fontane war die Region ein „landschaftliches Kabinettstück", wie er in seinen „Wanderungen durch die Mark Brandenburg" beschreibt. Bereits diese ersten Spreewaldtouristen schwärmten von der ruhigen Fahrt im handgestakten flachen Kahn, die bis heute Besucher in den Spreewald lockt. „Wie bezaubernd wirkt das stille, leise plätschernde Hingleiten des Kahnes im Waldesdunkel. Im Schatten der himmelanstrebenden Erlen, fern vom Getriebe der geschäftigen Welt, glaubt der Reisende durch ein Märchenreich zu schweben," schrieb der Lehrer Paul Fahlisch im Jahr 1900.

Doch nicht nur dieses einmalige Landschaftsbild macht den Reiz des Spreewaldes aus. Für den aufmerksamen Beobachter hält er Erlebnisse bereit, die heutzutage selten geworden

SCHWARZSTORCH
Frisst gerne Forellen

FISCHOTTER
Nachtaktiver Wassermarder

GRAUREIHER AUF ANSITZ
Gehört wie der Kranich zu den Schreitvögeln

sind. Die Wiesen und Felder, Wälder und Fließe sind auch Lebensraum einer vielfältigen Tier- und Pflanzenwelt. Darunter befindet
sich manche Art, die andernorts längst nicht mehr anzutreffen
ist. Leuchtend gelb blühen im Frühling auf den Wiesen Sumpfdotterblumen und Hahnenfuss. Bekassine und Kiebitz brüten in
den Wiesen, und Rotbauchunke, Moor- oder Grasfrosch lassen
lautstark ihr Konzert ertönen. Zum Sommer gehören die vielfar-
big schimmernden Libellen, die an den Ufern der Fließe von
Pflanze zu Pflanze gaukeln, die Ringelnatter, die sich eilig davon
schlängelt, die bunte Blütenpracht der Spreewaldwiesen. Mäuse-
bussard und Rotmilan ziehen ihre Kreise, Weißstörche oder
Kraniche suchen nach Futter. Im Herbst und Winter schließlich
bevölkern Wasservögel in großer Zahl das Gebiet. Sie legen hier
auf der Reise nach Süden eine Rast ein. Seeadler können auf
ihrer Jagd nach Beute beobachtet werden.

Rund 6.000 Tier- und Pflanzenarten sind im Spreewald
heimisch. Zu den europaweit ausdrücklich geschützten Arten
gehören die Rotbauchunke und die Grüne Mosaikjungfer, eine
Libellenart. Ebenso zählen der Eremit, ein äußerst seltener, ein-
siedelnder Käfer, sechs Fledermausarten und der Fischotter dazu.
Der Otter hat hier eines seiner letzten natürlichen Reproduktions-
gebiete in Europa, denn die Spreewaldfließe bieten ihm ideale

Lebensbedingungen: Verstecke, Rastplätze, ein reiches Nahrungsangebot. Obwohl dieser äußerst scheue, nachtaktive Wassermarder nur mit ganz viel Glück einmal beobachtet werden kann,
ist er nahezu im gesamten Gewässernetz zu Hause.

Damit das so bleibt, wurden für den Fischotter – wie natürlich für andere Arten auch – besondere Schutzmaßnahmen
ergriffen. Gitter in den Reusen der Fischer sorgen dafür, dass
sich die Tiere nicht verfangen und ertrinken. Und damit die
Fischotter beim Queren von Straßen nicht überfahren werden,
wurden bereits an vielen Brücken im Spreewald Otterpassagen
eingebaut. Sie haben schon manchem Tier das Leben gerettet.

Lebendige Traditionen in der Region verwurzelt
Wichtige Verbündete bei der Erhaltung der Kulturlandschaft
sind die Nachfahren jener, die sie schufen: die Spreewälder
Bauern. Angesichts der schwierigen Standortverhältnisse und
des hohen Grünlandanteils ihrer Flächen in den 1990er Jahren
ohnehin gezwungen, neue Wege zu suchen, hat sich jeder fünfte
Betrieb für den Ökolandbau entschieden. Rund 70 Prozent der
landwirtschaftlichen Fläche im Biosphärenreservat werden heute
ökologisch bewirtschaftet. Damit ist der Spreewald derzeit die
größte Ökoanbau-Region Deutschlands.

Schwierig ist es, die traditionelle Landwirtschaft der Bauern
in den Ortschaften Lehde und Leipe zu erhalten. Ihre durch die
Fließlandschaft erzwungene kleinteilige und aufwendige Wirt-
schaftsweise – viele Felder sind zum Beispiel nur mit dem Kahn
erreichbar – rechnet sich nicht mehr. Gerade sie aber ist es, die
das besondere Bild des inneren Spreewaldes prägt und die
Kulturlandschaft erhält. Die Wiesen müssen gemäht, die Felder
bestellt werden, sonst nehmen die Grauweide und andere Vor-
boten des Waldes die Landschaft wieder in Besitz. Und das geht
nicht nur Tieren und Pflanzen der offenen Landschaft an die
Lebensgrundlage. Auch die Spreewald-Touristen bekämen dann
eine weniger reizvolle Landschaft zu sehen. Gemeinsam steuern
Biosphärenreservat und Bauern dagegen. Ziel ist es, Spreewald-
höfe und Kulturlandschaft zu erhalten – aber nicht museal, sondern lebendig.

SPREEWALDHAUS BEI LEHDE
Viele Häuser sind nur mit dem Boot zu erreichen

Genauso gilt dies für die niedersorbische beziehungsweise wendische Sprache und Kultur. Denn der Spreewald ist Heimat der nationalen Minderheit der Sorben/Wenden. Zweisprachige Ortsschilder machen dies sichtbar, Bräuche wie die Vogelhochzeit oder der Zapust, die wendische Fastnacht und nicht zuletzt die Festtagstrachten sind lebendige, farbenfrohe Tradition. So wird für den Interessierten ein Besuch im Spreewald immer auch zum Erlebnis dieser Kultur.

Kostbarkeit Wasser

Wie vor einhundert Jahren ist es auch heute noch besonders reizvoll, den Spreewald auf dem Wasserweg zu entdecken. In trockenen Zeiten kann das heute allerdings auch einmal schwierig werden. Denn im Labyrinth der Fließe herrscht Wassermangel, verursacht vor allem durch den intensiven Lausitzer Braunkohletagebau in den 1960er bis 1980er Jahren. Zur Trockenlegung der Braunkohlegruben im Einzugsgebiet der Spree wurden damals große Mengen Grundwasser abgepumpt und über die Spree abgeleitet. Als dann nach 1990 nahezu alle Tagebaue schlossen, reduzierte sich der Wasserzulauf zum Spreewald dramatisch. Zudem werden jetzt die entstandenen Grundwasserabsenkungstrichter und die ehemaligen Tagebaue wieder mit Wasser aufgefüllt. Selbst wenn diese in einigen Jahren zu Seen geworden sind, wird weniger Wasser als vor dem Bergbau im Spreewald ankommen. Denn das neue Lausitzer Seengebiet verändert den Wasserhaushalt auf Dauer.

Vieles wird deshalb getan, um den Wasserhaushalt zu stabilisieren. Bis 2013 werden allein durch ein Naturschutzgroßprojekt des Bundes, mit Beteiligung des Landes Brandenburg und eines regionalen Zweckverbandes, über das so genannte Gewässerrandstreifenprojekt Spreewald mehr als 100 einzelne Maßnahmen im Gesamtumfang von 6,7 Millionen Euro umgesetzt. Fließe werden renaturiert und Altarme wieder angeschlossen. Das dient dem Wohl der vielen Tier- und Pflanzenarten, für die die Fließe oder feuchte Wiesen Lebensraum und Speisekammer sind. Es dient aber auch dem Wohl derer, die als Touristen in der artenreichen Landschaft Erholung und ein-

drucksvolle Naturerlebnisse suchen und derjenigen, die vom Fremdenverkehr leben.

Spreewald „klassisch" per Kahn und Boot ...

Die von zwei Spreearmen umflossene Ortschaft Leipe war bis 1936 nur über den Wasserweg erreichbar. Noch heute ist der wichtigste Verkehrsweg des Dorfes die Wasserstraße, ihr ist auch die schmucke Seite der Häuser zugewandt. Das unter Denkmalschutz stehende Lehde ist auch als „Venedig der Sorben" bekannt. Es beherbergt ein Freilichtmuseum und Deutschlands einziges Gurkenmuseum. Beide Ortschaften sind beliebtes, malerisches Ziel und liegen am Wasserweg zahlreicher Kahntouren.

Die Fahrt im traditionellen Spreewaldkahn ist von vielen Orten aus möglich. Von den rund 1.550 Kilometern Wasserläufen, die das Biosphärenreservat durchziehen, werden heute 276 Kilometer für die touristische Kahnfahrt genutzt. Neben den klassischen Touren mit Gurken und Schnäpschen bieten manche Kahnfährleute auch Spezielles an, beispielsweise die „Ökologische Kahnfahrt" zu Flora und Fauna an und in den Fließen.

MIT KAJAK UND KANADIER
Klassisches Spreewald-Wasserwandern

Doch nicht nur Kähne sind auf den Wasserwegen unterwegs. Das Paddeln ist längst ebenso beliebt. Aus gutem Grund: Sich mit dem Boot ins Labyrinth der Fließe zu wagen, still dahin zu gleiten, zu beobachten und zu lauschen, das ist Erholung und Naturerleben pur. Auch wer kein eigenes Boot besitzt, kann im Spreewald dem Paddel-Vergnügen frönen. Überall werden Boote stunden- oder tageweise verliehen. Karten und gute Tipps, wie man auf den unter Naturschutz stehenden Fließen richtig unterwegs ist, gibt es gratis dazu. Für den, der mehr als einen Tag lang auf Tour gehen will, ist ebenfalls gesorgt: 14 Wasserwanderrastplätze laden dazu ein, für eine Nacht das Zelt aufzuschlagen.

... und mal anders – zum Beispiel per Rad

Als Radlerparadies macht die flache Spreewaldlandschaft ebenfalls zunehmend Furore. 1.000 Kilometer ausgebaute Radwege führen quer durch Wald und Wiesen oder entlang von Fließen – hier radelt es sich besonders schön. Unbedingt zu empfehlen ist zum Beispiel eine Radtour durch Burg im Oberspreewald, dem Ort mit der größten Anzahl von Blockhäusern diesseits der Alpen. Als Streusiedlung erstreckt sich Burg zwischen Wiesen, Fließen, Äckern und Gärten, und leicht kann sich eine Tour über sechs, sieben Stunden hinziehen. Beim Schlossberghof des Biosphärenreservates nahe dem Bismarckturm sollte man unbedingt vorbeischauen. Eine ständige Ausstellung informiert dort über die Streusiedlung und die Landwirtschaft, die sie prägte. Auf dem Außengelände gilt es, die Spreewaldnatur mit allen Sinnen zu entdecken: Im Kräutergarten grünen rund 600 verschiede Heil- und Gewürzpflanzen, und ein ganz besonderes Angebot, nicht nur für Sehbehinderte, hält die Natur-Erlebnis-Uhr bereit. In dieser durchgehend barrierefrei gestalteten Parkanlage kann, wer will, auf die visuelle Orientierung verzichten und stattdessen die übrigen Sinne schärfen: Hier kann man den Spreewald schmecken, tasten, riechen und hören.

Auch der Natur-Erlebnis-Pfad „Hupatz" des Biosphärenreservates am Burger Polenzweg ist ein weitgehend barrierefreies Angebot, den Spreewald einmal anders kennen zu lernen. Auf einem Weg von rund einem Kilometer Länge bieten neun Stationen Gelegenheit, Elemente der Kulturlandschaft Spreewald ein wenig genauer zu ergründen. Man kann wie eine Libelle sehen, das Wispern einer Wiese hören, Spreewaldtiere „erschaffen", ganz ohne Technik telefonieren – und noch anderes mehr. Anfassen und ausprobieren wird bei dieser spielerischen Entdeckungsreise in die Natur ganz groß geschrieben, und Aha-Erlebnisse sind garantiert.

Außergewöhnliche Einblicke in die Geheimnisse der Spreewälder Vogelwelt bieten zwei Beobachtungstürme, die über den Europawanderweg (E) 10 per Fahrrad gut zu erreichen sind. Nachdem man im Haus für Mensch und Natur, dem Informationszentrum des Biosphärenreservates in Lübbenau, der Entwicklung des Spreewaldes vom Urwald zur Kulturlandschaft auf den Grund gegangen ist, radelt oder läuft man auf dem E 10 Richtung Lübben. Über den Barzlin geht es zum Beobachtungsturm am Polder Kockrowsberg. In diesem etwa 200 Hektar großen Feuchtgebiet mit ausgedehnten Röhrichten, offenen Wasserflächen und Feuchtwiesenbereichen sind Weiß-, aber auch der äußerst scheue und seltene Schwarzstorch vom Frühjahr bis in den Spätsommer hinein auf Futtersuche, ebenso See- und Fischadler. Auch stolze Hirsche tummeln sich hier oft. Im Herbst und im Winter schließlich ist der Anflug großer Schwärme von nordischen Gänsen oder Kranichen zu ihren Schlafplätzen ein beeindruckendes Erlebnis.

HÖLZERNE SPREEWALDBRÜCKEN
Brücken und Schleusen sind beliebte Motive

Nicht minder spannende Beobachtungen verspricht auch der zweite Beobachtungsturm am Wussegk nahe Schlepzig im Unterspreewald. Vom Infozentrum Alte Mühle des Biosphärenreservates in Schlepzig erreicht man diesen Turm zu Fuß oder per Rad über den Archedamm in weniger Minuten. Und wer über den bloßen Augenschein hinaus mehr über die Region, Natur und Landschaft erfahren will, ist gerne eingeladen, sich einer der zahlreichen Führungen der Naturwacht anzuschließen.

Besucherinformation
Haus für Mensch und Natur Lübbenau
Informationszentrum, Verwaltung des Biosphärenreservates,
Naturwacht
Schulstr. 9   03222 Lübbenau
Fon 03542 89 21-0, -30   Fax -40
br-spreewald@lua.brandenburg.de

Anfahrt
Regionalexpress RE 2 Bhf. Lübben und Lübbenau

Autobahn A 13, Ausfahrten Lübben oder Lübbenau

Infozentrum Alte Mühle Schlepzig
Infozentrum, Außenstelle der Verwaltung des
Biosphärenreservates, Naturwacht Unterspreewald
Dorfstr. 52   15910 Schlepzig
Fon 035472 648-98   Fax -99

Infozentrum Schlossberghof Burg (Ausstellung / Kräutergarten / -
Natur-Erlebnis-Uhr), Außenstelle der Verwaltung des Biosphären-
reservates, Naturwacht Oberspreewald
Byhleguhrer Str. 17   03096 Burg
Fon Außenstelle 035603 691-0   Fax -22
Fon Naturwacht 035603 75 01 46

Tourismusinformation
Touristische Informationen über
Spreewald-Tourismuszentrale
Lindenstr. 1   03226 Vetschau / Spreewald OT Raddusch,
Fon 035433 722-99   Fax -28
tourismus@spreewald.de   www.spreewald.de

Reiseführer
Tourismusverband Spreewald (Hrsg.), Reiseführer Spreewald,
Raddusch 2000

Beate Schubert u.a. (Hrsg.), Brandenburg. Der Süden Band 1:
Der Spreewald und die Luckauer Niederlausitz, ProLineConcept-
Verlag, Templin 2002, ISBN: 3-931021-45-9

Karten
AD-Team (Hrsg.), Freizeitkarte Spreewald 1:25.000, Burg / Spreewald 2006

Landesvermessung und Geobasisinformation Brandenburg (Hrsg.),
Topographische Freizeitkarte 1:25.000 Oberspreewald mit
Wanderwegen, Potsdam 2003, ISBN 3-7490-4013-3

Landesvermessung und Geobasisinformation Brandenburg (Hrsg.),
Topographische Freizeitkarte 1:25.000 Unterspreewald mit
Wanderwegen, Potsdam 2003, ISBN 3-7490-4022-2

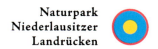

**Naturpark
Niederlausitzer
Landrücken**

12 ZWEITE CHANCE FÜR DIE NATUR

Die Metamorphose der Landschaft vollzog sich weder sanft noch natürlich. Auf der einen Seite der riesigen Grube fraß sich das rotierende Rad mit den mit Stahlzähnen bewehrten Eimern auf zwei Etagen in die Landschaft. Das deckende Grün verschwand, sichtbar wurden alle möglichen Farben der Bodenschichten: von Grau über Ocker, Braun bis in tiefstes Schwarz. Auf der anderen Seite des ratternden, quietschenden Monstrums – der Braunkohle-Förderbrücke mit den Ausmaßen eines liegenden Eifelturms – türmten sich kahle Kegel auf, wenn der Abraum vom 500 Meter langen Förderband wieder „ausgespuckt" wurde. Eine Mondlandschaft entstand, zunächst beinahe symmetrisch, schließlich mit von Regen und Wind erodierten, zerfurchten, steil abfallenden Hängen von bizarrer Schönheit.

Seit nach 1990 fast alle Tagebaue in der Lausitz aufgegeben wurden, erobert sich die Natur die Bergbaufolgelandschaft zurück. Pflanzen besiedeln die trockenen, nährstoffarmen Flächen. Vogelarten, die als Lebensraum Rohböden und offene Sandflächen benötigen, nehmen die Landschaft aus zweiter Hand gerne an. Andernorts sind sie bereits verschwunden, weil sie dort die Lebensbedingungen, auf die sie sich spezialisiert haben, nicht mehr vorfinden.

Die nährstoffarmen Offenlebensräume und Gewässer werden zuerst besiedelt. Flussregenpfeifer, Uferschwalbe, Wiedehopf, Raubwürger, Schwarzkehlchen und Brachpieper profitieren vom spärlichen Pflanzenbewuchs. Dieser wiederum ist Folge der durch den Bergbau freigelegten, ausgewaschenen Mineralien, die die Böden und die Seen stark sauer machen.

EHEMALIGER TAGEBAU KLETTWITZ
Die Tagebaurestlöcher füllen sich mit Wasser

Ganz schön sauer

Die „Tagebaurestlöcher", riesige Gruben, werden geflutet: Hier entsteht die größte zusammenhängende künstliche Gewässerlandschaft Europas. Wenn dieser Prozess beendet ist, werden die Tagebauseen eine Wasserfläche von rund 240 Quadratkilometern und ein Seevolumen von etwa 2,7 Milliarden Kubikmetern einnehmen – „Neuseeland" in der Lausitz. Schiffbare Verbindungen sollen den Betrieb von Fahrgastschiffen auf der entstehenden Seenkette ermöglichen.

Diese neuen Seen sind überwiegend extrem sauer und enthalten nur geringe Nährstoffkonzentrationen. Ihre biologische Besiedlung ist zunächst sehr artenarm. Einige dieser Seen neutralisieren sich im Laufe der Zeit, andere bleiben lange Zeit sauer. Um den Auffüllprozess zu beschleunigen und die Wasserqualität zu verbessern, wird zusätzlich Wasser aus Spree und Neiße zugeführt.

Landschaft im Wandel – wohl nirgendwo trifft dieses oft benutzte Etikett so ins Schwarze wie in den beiden brandenburgischen Naturparks der Lausitz. Wo sich der Wandel der Landschaft sonst in Generationen, Jahrhunderten oder gar Jahrtausenden vollzieht, können Besucher im Naturpark Niederlausitzer Landrücken dieser erneuten Metamorphose zusehen, Zeugen eines sich fast täglich ändernden Landschaftsbildes werden.

Ein bisschen Mongolei in Brandenburg

In diesem Naturpark erfolgt der Übergang von der typischen brandenburgischen Landschaft mit Kiefernheiden, weiträumigen Äckern und kleinen Dörfern zum „Neuseeland" abrupt. Plötzlich glaubt sich der Besucher in eine andere Welt versetzt. Ihm stockt der Atem, wenn er plötzlich vor einem ehemaligen Tagebau steht. Von stählernen Großgeräten oder erwarteter Kraterlandschaft ist, nur eineinhalb Jahrzehnte nach der Einstellung der Kohleförderung, nichts mehr zu sehen. Der Betrachter glaubt sich nach Skandinavien, in die Mongolei oder Griechenland versetzt, je nachdem in welche Richtung er schaut. Und wenn er nach Monaten oder Jahren zurückkehren sollte, sieht schon wieder alles ganz anders aus.

SCHLABENDORFER SEE
Sonnenaufgang am größten See im Naturpark

So surreal dieses Landschaftsbild zuweilen anmutet – längst ist es keine Mondlandschaft mehr: Sie ist voller Leben. Die sich dynamisch verändernde Landschaft lockt seltene Pflanzen und Tiere geradezu an. Eine Insel im Stoßdorfer See beherbergt die größte Möwenkolonie Brandenburgs. Mehrere zehntausend nordische Gänse übernachten im Herbst auf den neuen Seen, häufig belauert von hungrigen Seeadlern. Tausende Kraniche nutzen die Flachwasserbereiche als Schlafplatz während der Rast. Die auf der Roten Liste stehende Sand-Strohblume bildet Bestände soweit das Auge reicht. Entomologen – Insektenkundler – entdecken im Naturpark Niederlausitzer Landrücken für Brandenburg längst ausgestorben geglaubte Insekten. Wahrscheinlich war es auch kein Zufall, dass der erste in Deutschland vom Balkan her eingewanderte Goldschakal sich die Bergbaufolgelandschaft bei Schlabendorf als Revier ausgesucht hatte.

ABSETZKIPPE
Eisenhaltige Mineralien färben den Abraum rötlich

Arche Noah Bergbaufolgelandschaft

Für die Arten des nährstoffarmen Offenlandes gingen parallel zur Bergbauzeit anderenorts die meisten Refugien verloren. In der Niederlausitz haben sie es gerade noch geschafft, die „Arche Noah Bergbaufolgelandschaft" zu besteigen. Dies war vor allem dadurch möglich, dass in der DDR-Zeit wegen fehlender technischer Möglichkeiten Teile der Bergbaugebiete nicht sofort saniert und nutzbar gemacht werden konnten. Naturschützern war dieses Paradoxon im Schatten der Umweltzerstörung lange bekannt. Mit Beginn der Sanierung neuen Stils nach dem Fall der Mauer musste gehandelt werden. Die Gründung eines Naturparks, der die ehemaligen Bergbauflächen einschloss, unter Beteiligung und im Interessensausgleich mit anderen Nutzern war hilfreich. Es gelang, nicht weniger als sieben Naturschutzgebiete im ehemaligen Bergbaugebiet zu etablieren. Damit wurde auch die Voraussetzung für das Engagement der Heinz Sielmann Stiftung geschaffen.

Die Stiftung des bekannten Tierfilmers hat sich diesem einzigartigen Naturentwicklungsgebiet angenommen. Die spannenden Prozesse der Biotopentwicklung können dadurch weitgehend ungestört ablaufen. Von den rund 80 Quadratkilometern Bergbaufolgelandschaft gehören inzwischen über 30 Quadratkilometer der Heinz Sielmann Stiftung. Dieses Gebiet ist aber für interessierte Besucher keineswegs tabu. Im Gegenteil, als „Sielmanns Naturlandschaft Wanninchen" wird es immer bekannter. Es gibt bereits ein umfangreiches Netz von Rad- und Wanderwegen, Schutzhütten und Aussichtspunkten. Das Heinz Sielmann Naturparkzentrum Wanninchen südlich von Luckau hält für Besucher vielfältige Informationen zur neuen Seenlandschaft bereit.

Mit Millionensummen wurde die Sanierung der Bergbaufolgelandschaft von Bund und Land seit 1991 finanziert. Die Renaturierung großer Teile der Hinterlassenschaften des Braunkohletagebaus ist dabei kein zufälliges Produkt dieser Sanierungsarbeiten. Dahinter steckt ein Plan, der zwischen Regionalplanern, Naturschützern und Kommunalpolitikern abgestimmt

KÜNSTLICHE SEEN
Vegetation erobert die Bergbaufolgelandschaft

und bereits 1993 verabschiedet wurde. Auch heute noch finden regelmäßige Beratungen und Befahrungen der Beteiligten der Sanierungsgebiete statt.

Die Sanierung ist noch nicht abgeschlossen, verschiedene Landschaftsbereiche sind aus Sicherheitsgründen gesperrt. Die ehemaligen Tagebaue bestehen aus verkipptem Abraum und den Restlöchern, die sich wieder mit Wasser füllen. Der aufgeschüttete Boden ist besonders an den Böschungen der neuen Gewässer gefährlich, weil er zu Rutschungen neigt. 2008 sollen die letzten dieser Gefahrenbereiche gesichert sein, dann dürfen die sich entwickelnden Seen ihrem Endzustand zustreben. In der Niederlausitz, deren nacheiszeitliche – ursprüngliche – Seen bereits vor Jahrtausenden verlandet waren, wird es dann wieder eine „junge" Landschaft mit klaren Seen, sandigen Ufern, Dünenheiden und Steppenrasen geben. Allein im Naturpark entstehen fünf Seen mit über 100 Hektar Wasserfläche. Die endgültige Zahl der kleineren Seen steht noch gar nicht fest, weil das Wasser noch um mehrere Meter ansteigen und die Landschaft verändern wird.

Der Landrücken

Der 1997 gegründete Naturpark Niederlausitzer Landrücken ist 585 Quadratkilometer groß. Die Kleinstädte Luckau, Calau und Sonnewalde begrenzen ihn im Norden, Osten und Süden. Der Naturpark befindet sich in unmittelbarer Nachbarschaft des Biosphärenreservates Spreewald, getrennt nur durch einen schmalen Landschaftsstreifen mit der Autobahn Berlin – Cottbus. Die Endmoräne des Landrückens, die von Nordwesten nach Südosten verläuft, bildet das Rückgrat des Naturparks, der in dieser Richtung auch seine größte Ausdehnung von rund 70 Kilometern erreicht.

Diese Endmoräne wurde in der jüngsten Phase der Saale-Eiszeit, die etwa vor 230.000 Jahren begann und vor 128.000 Jahren endete, aufgeschoben. Die gewaltigen Gletscher hinterließen zahlreiche Findlinge aus Nordeuropa. Der größte von ihnen ist mit 20 Kubikmetern der Teufelsstein in den Gehrener Bergen. In ganz Südbrandenburg findet sich kein mächtigerer Felsbrocken.

Der bewaldete Niederlausitzer Landrücken erreicht heute noch Höhen von rund 150 Metern über dem Meeresspiegel und liegt damit rund 100 Meter über dem Niveau des Spreewaldes im Baruther Urstromtal. Nordöstlich des Höhenzuges haben die Gletscherzungen das Luckauer und das Altdöberner Becken ausgeschoben. In diesen eher feuchten Niederungen herrscht Landwirtschaft vor. Die Ränder der Beckenlandschaft bilden trockene Grundmoränenplatten, die meist von Wald bedeckt sind. Im Süden und Südwesten des Landrückens schließen sich trockene Hochflächen mit eiszeitlichen Sandern an. Auf diesen Hochflächen liegen die Rochauer und Babbener Heide, die beiden größten Waldgebiete der Region.

Die Mehrzahl der Siedlungen liegt an den Grenzen der Platten und Niederungen sowie am Fuße des Landrückens. Eine Besonderheit ist eine erdgeschichtlich ältere, aus dem Tertiär stammende Hochfläche, die den eiszeitlichen Gletschern trotzen konnte: die Calauer Schweiz. Erhalten blieb auch ein alter Lauf der heute rund 80 Kilometer südlicher fließenden Elbe mit Kies und Geröll aus Böhmen und dem Erzgebirge. Heiß begehrt sind bei Sammlern die in den geologischen Formationen verborgenen Halbedelsteine wie Amethyste und Achate, ebenso wie die in der Bergbaulandschaft nicht selten anzutreffenden Bernsteine.

Kauz mit Socken und Einwanderer aus dem Süden

So, wie sich die Wege von Gesteinen aus Nord und Süd auf dem Gebiet des Naturparks Niederlausitzer Landrücken kreuzten, wurde die Niederlausitz nach der Eiszeit auch zum Ansiedlungsraum von Pflanzen und Tieren unterschiedlicher Regionen. Auf sehr engem Raum herrschen recht unterschiedliche Klimaverhältnisse. Die kühl-feuchten Hochflächen wären ohne menschlichen Einfluss von Traubeneichen-Kiefernwäldern bewachsen. Charakterarten dieser Wälder sind Rothirsch, Rauhfuß- und Sperlingskauz. Der possierliche Rauhfußkauz verdankt seinen Namen den „Socken", die er trägt: Seine Füße sind befiedert, zum Schutz vor Kälte. Der Rauhfußkauz ist das Wappentier des Naturparks, weil er hier seinen Verbreitungsschwerpunkt im Land Brandenburg hat.

Die zahlreichen Bachtäler am Nordrand der Endmoräne sind unter anderem mit natürlichem Fichtenwald bestanden. Der Mittelgebirgscharakter des Höhenzuges wird durch Vorkommen von Rippenfarn, Siebenstern, der Zweigestreiften Quelljungfer – einer Libellenart, die in europäischen Gebirgen bis zu einer Höhe von 1.500 Metern vorkommt – und des Bergmolchs bekräftigt.

Im Gegensatz dazu ist in den Mooren und Teichen am Fuße des Höhenzuges ein atlantischer Einfluss unverkennbar. Gagelstrauch, Mittlerer Sonnentau und Glockenheide sind dessen charakteristische Vertreter, die für den Nordwesten Mitteleuropas hier einen Verbreitungsschwerpunkt haben.

Überlagert wird dies alles von einer kontinentalen Prägung mit kalten Wintern und warmen Sommern. Sie ist für die Niederlausitz charakteristisch. Typische Vertreter dieser Klimazone sind Blau-Schillergras und Sumpf-Porst. In den wärmebegünstigten Beckenlandschaften und ganz besonders in der Bergbaufolgelandschaft häufen sich in jüngster Zeit Vorkommen von Arten, die ursprünglich in Südeuropa beheimatet sind. Beispiele sind Schwarzkopf- und Mittelmeermöwe, Südliche Mosaikjungfer und Feuerlibelle.

Die erfolgreiche Ausbreitung der früher nur im Mittelmeerraum fest beheimateten Feuerlibelle wird im Zusammenhang mit dem Klimawandel gesehen. Der Zuwanderer aus dem Süden hat sich innerhalb nur weniger Jahre erfolgreich in Südostbrandenburg etabliert. Feuerlibellen halten sich vorzugsweise an flachen,

FEUERLIBELLE
Etablierter Einwanderer aus dem Süden

sich im Sommer stark erwärmenden Gewässern mit reicher Unterwasservegetation auf. Ihre Hauptflugzeit in Brandenburg sind die Monate Juni und Juli. Durch ihren leuchtend roten Hinterleib fallen die Männchen besonders auf.

Wer schmeißt denn da mit Lehm? – Höllberghof Langengrassau

Der Naturpark Niederlausitzer Landrücken verfügt über drei Informationszentren. Besucher erhalten hier interessante Ausflugstipps, die Ausstellungen vermitteln auf anschauliche Weise Fakten zu Geschichte, Landschaft und Natur.

Bei Langengrassau in der Gemeinde Heideblick (unweit der B 87) wurde vom Naturpark-Förderverein ein typischer Dreiseitenhof nach historischem Vorbild nachgebaut. Anfang der 1990er Jahre war in Niewitz der letzte Lehmfachwerkbauernhof der Region abgerissen worden. Der Höllberghof des Naturpark-Fördervereins, am Rand der malerischen Höllenberge gelegen, wurde durch weitere Gebäude aus Lehmfachwerk ergänzt: Eine Scheune, ein Kossätenhaus – nach einem 1991 in Jentsch abgerissenen Gebäude – und ein Backhaus, abgetragen in Bornsdorf, vervollständigen das Ensemble des Freilichtmuseums Höllberg-hof. Neben Informationen zur historischen ländlichen Architektur mit Lehmfachwerk erfahren die Besucher hier viel über die traditionelle Landnutzung und ihre Wirkung auf Mensch und Umwelt. Beliebt ist die im Kossätenhaus untergebrachte, ganzjährig geöffnete Höllbergschänke. Ein Hofladen bietet Produkte an, unter anderem von „mittelalterlichen" Weideschweinen und Skudden-Schafen, die auf dem Hof gehalten werden. Heiratswillige nutzen das Ambiente des Hofes gern für Hochzeiten und Feste nach altem Brauch. Für Schulklassen oder Firmenbelegschaften werden Aktionstage organisiert, Führungen werden auf Voranmeldung angeboten. Der Hof ist von April bis Oktober täglich geöffnet.

Vom Höllberghof aus können Wanderer zu einer schönen Rundwanderung durch die Höllenberge (2,5 Kilometer) oder zu einer längeren Wanderung über den Naturerlebnisweg nach Wanninchen (17 Kilometer) starten.

Höllberghof bei Langengrassau
Nachgebauter traditioneller Dreiseitenhof

Erleb' Dein blaues Wunder – Heinz Sielmann Naturparkzentrum Wanninchen

Direkt am Rande des ehemaligen Tagebaus und damit am Ufer des künftig mit 615 Hektar größten Sees steht das „Heinz Sielmann Naturparkzentrum Wanninchen". Es ist in einem umgebauten Bauernhof untergebracht, dem einzigen Haus, das von dem abgebaggerten Ort Wanninchen übrig geblieben ist. Direkt vor der Haustür vollzieht sich die einzigartige Entwicklung des Naturschutzgebietes Wanninchen. Die Heinz Sielmann Stiftung erwarb hier rund 3.100 Hektar Fläche, um sie als großräumige, unzerschnittene Lebensräume für seltene Tier- und Pflanzenarten zu erhalten. Auf Radrundwegen ist diese sich rasant verändernde Landschaft erfahrbar, das Naturparkzentrum ist für Wander-, Rad- und Skater-Touren ein guter Ausgangspunkt. Der „Wiedehopfweg" beispielsweise führt auf 33 Kilometern rund um den Schlabendorfer See.

Die Besichtigung des Naturparkzentrums ist auch für Rollstuhlfahrer gut geeignet. Es ist von April bis Oktober täglich geöffnet. In dieser Zeit finden außerdem jeden Sonntag zweistündige Führungen für Besucher statt. Weitere Führungen bedürfen der Voranmeldung. Für Ferienaktionen mit Kindern, für Schulklassen und Familien veranstaltet die Heinz Sielmann Stiftung, die hier eine Naturschule betreibt, „Tage voller Wunder". Neben der Ausstellung des Naturparkzentrums befinden sich auf dem Gelände eine Streuobstwiese, ein Weiher, ein kleines Moor, ein Findlingsgarten, ein Naturerlebnis-Spielplatz und ein Aussichtsturm mit fantastischem Blick auf die Landschaft im Umbruch. In einer künstlich angelegten Nistwand brüten Uferschwalben. Bis zu 130 Vogelpaare können hier gleichzeitig brüten – ein faszinierendes Schauspiel für alle Besucher.

Aufschwung Ost am Ende der Welt – Fürstlich Drehna

Im Mittelalter zählte der Adelssitz Fürstlich Drehna mit Wasserschloss und Landschaftspark zu den elf Standesherrschaften der Niederlausitz, vor etwa zwanzig Jahren schien der Ort am Ende der Welt zu liegen: Der Braunkohlentagebau kreiste das Dorf von drei Seiten ein und überbaggerte den Nordteil des

Parks samt der anschließenden Wald- und Teichlandschaft. Heute ist davon kaum noch etwas zu spüren. Der Ortskern, das restaurierte Wasserschloss und der Landschaftspark stehen unter Denkmalschutz, der historische Gasthof „Zum Hirsch" und das Gärtnereihaus am Markt, in dem die Naturparkverwaltung ihren Sitz hat, sind wieder „in Betrieb". Im Erdgeschoss des Gärtnereihauses bietet ein kleines Besucherzentrum einen schnellen Überblick über die Ausflugsziele im Naturpark.

Zum Ensemble gehört auch wieder eine Windmühle, die nach Voranmeldung besichtigt werden kann. In der Brauerei wird nach traditionellem Rezept das „Schlossbräu" hergestellt. Der unmittelbar vor dem Ort entstehende Drehnaer See soll in wenigen Jahren vollständig gefüllt sein und als Erholungsgebiet dienen.

Naturpark auf Touren

Der Naturpark Niederlausitzer Landrücken ist ein Dorado für Radfahrer: Ein umfangreiches Netz von Radwegen verbindet die Ausflugsziele miteinander. Die Rundwege in der Bergbaufolgelandschaft sind längst kein Geheimtipp mehr. Auch zum Skaten finden sich ideale Strecken. Freunden des Pferdesports werden zahlreiche Möglichkeiten zum Reiten und für Kutschfahrten geboten.

Die Kranich-Tour, ein Radrundweg, der fast alle Höhepunkte des Naturparks und sogar einen Abstecher in den Spreewald zwischen Leipe und Lübbenau zu bieten hat, ist rund 200 Kilometer lang.

Seinen Namen verdankt der Radrundweg dem Kranich-Rastplatz im Luckauer Becken. Bis zu 6.000 „Vögel des Glücks" wurden hier schon gezählt. Der Beobachtungsturm an der Straße Goßmar – Freesdorf ermöglicht einen guten Überblick über den Schlafplatz der Tiere im Naturschutzgebiet Borcheltsbusch. Dieses unzugängliche, 300 Hektar große Moor beherbergt noch zahlreiche andere seltene Arten. Von August bis Oktober können sich Besucher an drei Abenden pro Woche das Geschehen auf dem Kranichrastplatz von einem Naturwächter erklären lassen.

NACHBAU EINER SLAWENBURG BEI RADDUSCH
Ausstellung mit einer Zeitreise durch die Niederlausitz

Kalauer unterm Wischer, Plinsen auf dem Teller

Lohnendes Ziel einer Tour durch den Naturpark ist der Nachbau einer historischen Slawenburg unweit von Raddusch. Die Besiedelung der Lausitz ist slawischen Ursprungs. Vom slawischen Volk der Lusizi leitet sich auch der Name dieser Landschaft ab. Das Museum der Burganlage vermittelt Einblicke in die reiche Geschichte der Niederlausitz, eine Gaststätte lädt zum Einkehren ein.

Wer in der Stadt Calau, einem weiteren Punkt der Rundtour, Anordnungen des „chinesichen Verkehrsministers Um Lei Tung" nicht befolgt und falsch parkt, kann vor Feiertagen statt eines Knöllchens schon mal einen (solchen) Kalauer unter dem Scheibenwischer vorfinden. Die berühmten doppelsinnigen Wortspiele oder auch flachen, derben oder faulen Witze sollen auf die Vertreter des Schusterhandwerks zurückgehen. Calau war einst eine Hochburg der Schuster. Im Rathaus werden Kalauer gesammelt.

Die Calauer Schweiz steigt südlich der Stadt steil empor und bildet am Kuhrigsberg mit 161 Metern Höhe das „Dach" des Naturparks. Südlich davon glaubt man sich nach Thüringen versetzt. Malerisch im Tal zwischen „Schweiz" und Landrücken liegen die drei Plinsdörfer Gosda, Weißag und Zwietow. Ihr Name bezieht sich auf eine regionale Delikatesse, die Buchweizenplinsen, die in den Gaststätten auch heute noch auf der Speisekarte steht.

LUCKAU, MARKT
Gastgeber von Brandenburgs erster Landesgartenschau

Im Südosten des Naturparks ist Altdöbern mit seinem beeindruckenden Barockschloss unbedingt einen Besuch wert. Der Landschaftspark mit dem Salzteich eignet sich für lauschige Spaziergänge. Auch hier ensteht eine neue Wasserfläche: Nach Osten wird sich in einigen Jahren der Altdöberner See ausdehnen.

In nordwestlicher Richtung geht es weiter nach Crinitz. Mehrere Töpfer haben ihre Werkstätten in dem Töpferort, fast alle bieten Führungen, einige auch Kurse an. Alljährlich im April findet hier ein großer Töpfermarkt statt. Eine Museumsbahn verbindet Crinitz mit Finsterwalde. Zu besonderen Anlässen werden Fahrten angeboten. Noch weiter nordwestlich liegt Bornsdorf. Nach dem Einsturz blieb vom Schloss nur der Turm übrig. Jetzt ist er wieder begehbar und bietet einen herrlichen Rundblick auf den Landrücken und dessen Vorland.

Weiter in nordwestlicher Richtung gelangen die Touristen in die Gehrener Berge. Hier wurde die historische Waldbühne wiederbelebt. Im Sommerhalbjahr finden dort Veranstaltungen statt. Nicht weit davon kann auf dem Königsberg der Teufelsstein besichtigt werden. Der Sage nach soll derjenige, der es schafft, den Stein sieben Mal ohne Luft zu holen zu umrunden, dem Teufel begegnen. Die Nordwestgrenze des Naturparks bildet schließlich das Dahmetal mit seinen zahlreichen Wassermühlen. Hier treffen Niederlausitz und Fläming aufeinander.

Die wohlhabende Kaufmannsstadt Luckau nennt sich „Perle der Niederlausitz". Im Spätmittelalter war sie Hauptstadt im Markgraftum. Damals wurde das Land vom Böhmischen König regiert, 1815 kam Luckau schließlich zu Preußen. Die gotische Nikolai-Kirche zählt zu den größten des Landes und kündet von der einstigen Bedeutung. Heute können Besucher die mittelalterliche Struktur des Stadtkerns mit Graben, Mauer und Wachtürmen und die höchste Anzahl mittelalterlicher Kellergewölbe in Brandenburg bestaunen. Der Landesgartenschau im Jahr 2000 war es gelungen, die historischen Mauern mit den gestalteten Gartenanlagen harmonisch zu verbinden. Vieles ist davon auch heute noch zu besichtigen. Im Niederlausitz-Museum wird ein umfangreiches Bild zu Geschichte und Natur der Region vermittelt.

Besucherinformation
Heinz Sielmann Naturparkzentrum Wanninchen
Wanninchen 1   15926 Luckau
Fon 03544 55 77 55
www.wanninchen.de

Anfahrt
Regionalexpress RE 2 Bhf. Lübben, Bus 472 nach Luckau
(Niederlausitz) Busbahnhof, Rufbus 474 nach Wanninchen

Luckau – Göhrlsdorf – Wanninchen, Autobahn A 13 Ausfahrt
Calau über Zinnitz – Schlabendorf – Garrenchen – Görlsdorf
nach Wanninchen

Naturparkverwaltung Niederlausitzer Landrücken
Alte Luckauer Straße 1
Gärtnereihaus Fürstlich Drehna   15926 Luckau
Fon 035324 30 50
np-niederlausitzer-landruecken@lua.brandenburg.de
www.grossschutzgebiete.brandenburg.de

Anfahrt
Regionalexpress Bhf. Calau

Autobahn A 13 Ausfahrt Calau

Besucherzentrum Höllberghof
Heideweg 3   15926 Heideblick OT Langengrassau
Fon 035454 74 05
hoelberghof@t-online.de

Tourismusinformation
Tourismusverband Niederlausitzer Land
Am Markt 34   15926 Luckau
Fon/Fax 03544 30 50
www.niederlausitz.com

Reiseführer
Beate Schubert u.a. (Hrsg.), Brandenburg. Der Süden Band 1:
Der Spreewald und die Luckauer Niederlausitz, Pro-Line-Concept-
Verlag, Templin 2002, ISBN 3-931021-45-9

Rasmus, Carsten und Klaehne, Bettina, Erlebnisführer Naturparks
in Brandenburg, KlaRas-Verlag Berlin 2000, ISBN 3-933135-05-2

Karte
Landesvermessung und Geobasisinformation Brandenburg (Hrsg.),
Topographische Freizeitkarte 1:50.000 Naturpark Niederlausitzer
Landrücken mit Wanderwegen, Potsdam 2005,
ISBN 3-7490-4081-8

SCHWARZSTORCHREVIER
Gute Aussicht von sicherem Ansitz

**Naturpark
Niederlausitzer
Heidelandschaft**

13   BLÜHENDE LANDSCHAFTEN

Früher hatte ihn fast jedes Dorf, den Ring aus Obstgehölzen. Im Frühjahr zur Obstblüte ein an Schönheit kaum zu überbietender Anblick. Um den Dorfanger gruppieren sich die Bauernhäuser, und hinter denen liegen die Obstgärten. Meist waren das in Brandenburg die traditionellen Bauerngärten mit vielen verschiedenen Obstsorten, locker verteilte Hochstämme mit relativ weitem Abstand zueinander: Apfel, Kirsch-, Pflaumen- und Birnbäume, dazu gelegentlich Pfirsich-, Aprikosen-, Nuss- und Quittenbäume. Typisch für Brandenburg sind aber auch die Obstbaumalleen an Feldwegen und (ehemals) wenig befahrenen Landstraßen.

Natürlich sind diese Obstpflanzungen auch zur Erntezeit besonders attraktiv, wenn die Obstbäume ihre Zweige schwerbeladen und verführerisch jedem Frucht-Fan entgegenstrecken.

In der Region um Döllingen und Hohenleipisch im Naturpark Niederlausitzer Heidelandschaft trifft der Besucher noch auf eine solche historische Obstwiesenlandschaft. Allerdings ist der Bestand an Obstwiesen in den letzten Jahren bundesweit um mindestens 70 Prozent zurückgegangen: Weil die Pflege der alten Obstwiesen zu aufwendig ist und die Bewirtschaftung nicht mehr lohnt. Es ist wirtschaftlich nicht mehr interessant, deshalb werden die kleinen Paradiese hinter dem Haus mehr und mehr vernachlässigt. Damit verschwinden auch viele regionale Obstsorten. Den Kunden im Supermarkt werden zumeist nur noch fünf, sechs standardisierte Sorten angeboten.

Im Naturpark Niederlausitzer Heidelandschaft gibt es das größte Streuobstgebiet Brandenburgs zu entdecken. Diese Landschaft ist keineswegs nur etwas fürs Auge oder für obsthungrige Mägen. Streuobstwiesen sind kleine Naturparadiese, ein idealer Lebensraum für zahlreiche Tier- und Pflanzenarten. Allein ein

OBSTBAUMBLÜTE BEI HOHENLEIPISCH
Streuobstwiesen sind artenreiche Lebensräume

Apfelbaum kann mehr als tausend Tierarten beherbergen, Bäume und Wiese zusammen bringen es auf bis zu 5.000 Tierarten.

Ein Lebensraum auf mehreren Etagen: Grünspecht, Steinkauz und Wendehals brüten in den Baumhöhlen der knorrigen alten Obstbäume, abgestorbene Äste bieten dem Kleinen Eichenbock und verschiedenen Prachtkäfern ein Zuhause. Die Gräser und Wiesenkräuter sind für Tagfalter und Schwebfliegen Nahrungsgrundlage wie auch für Bienen- und Hummelarten, die aber vor allem auch das reiche Blütenangebot nutzen. „Nützlinge" und „Schädlinge" halten hier ein ökologisches Gleichgewicht. Blattläuse zum Beispiel werden von Florfliegen, Marienkäfern und den zahlreichen Vogelarten in Schach gehalten. Schafhaltung hilft die Mäusepopulation auf der Wiese zu kontrollieren: die wolligen Rasenmäher treten beim Weiden die Mäuselöcher zu. Der relativ weite Abstand zwischen den Obstbäumen ermöglicht es zudem auch Greifvögeln, Mäuse zu schlagen. Gleichzeitig sorgt er für gute Lichtverhältnisse und Durchlüftung.

APFELBÄUME BEI DÖLLINGEN
Genreservoir alter Regionalsorten

Kernstück des Streuobstanbaus im Naturpark Niederlausitzer Heidelandschaft ist der Pomologische Schau- und Lehrgarten in Döllingen. „Pomologie" ist die Lehre vom Obstanbau. Auf einer drei Hektar großen Fläche wachsen hier über 150 alte und neuere Hauptobstarten. Besucher können die Entwicklung der Obstbäume von ihrer Wildform bis zu den neuesten Züchtungen verfolgen, ebenso verschiedene Wuchs- und Kronenformen betrachten. Nicht jede Obstbaumsorte blüht um die gleiche Zeit, so dass man einen Blühkalender der besonderen Art erleben kann. Ein besonderer Höhepunkt ist der im September stattfindende Niederlausitzer Apfeltag. Mitgebrachtes Obst kann durch einen Pomologen bestimmt werden. In einer Apfelausstellung werden bis zu hundert Apfelsorten präsentiert. Dazu werden Kulturprogramm, Regionalmarkt und die Präsentation traditionellen Handwerks geboten. Die Gaststätten bieten Kreationen rund um Apfel und Kartoffel an, die Naturwacht Führungen durch den Pomologischen Schaugarten.

Zu Gast bei Heidschnucken und Ziegenmelker

Es waren aber natürlich nicht die Streuobstwiesen, die dem Naturpark seinen Namen gaben. Die großen, fast baumlosen Flächen mit Besenheide im Zentrum des Naturparks haben bei der Namensgebung Pate gestanden. Wie überall in Brandenburg sind auch diese großen Heideflächen durch die militärische Nutzung entstanden: Der 30jährige Übungsbetrieb, der bis 1988 andauerte, hat hier, in dem einst geschlossenen großen Waldgebiet, auf etwa 300 Hektar Silbergrasfluren und Heideflächen hinterlassen.

Wer zur Zeit der Heideblüte Ende August, Anfang September das Farbspiel eines bis zum Horizont weiß bis violett blühenden Pflanzenteppichs genießen möchte, muss jedenfalls nicht in die Lüneburger Heide fahren. Im zentral gelegenen Naturschutzgebiet „Forsthaus Prösa" bietet sich dem Wanderer das gleiche, immer wieder begeisternde Bild. Das Offenhalten der Flächen findet nach Abzug der Panzer auf sanftere Weise statt: Weidende Heidschnucken sorgen dafür, dass Vögel wie der Wiedehopf und der nachtaktive Ziegenmelker, im Volksmund auch Nachtschwalbe genannt, weiterhin günstige Lebensbedingungen vorfinden.

ZIEGENMELKER
Die Nachtschwalbe verbringt den Tag ruhend am Boden

Der Ziegenmelker soll seinen Namen dem Umstand verdanken, dass er sich nachts oft in der Nähe des Weideviehs aufhält, denn beim Vieh findet er immer viele Insekten. Angeblich wegen seines breiten Rachens nahmen die Menschen früher an, er würde die Ziegen melken. Spekuliert wird auch, dass menschliche Milchräuber den auffällig beim Vieh herumfliegenden Vogel ersatzweise des Milchklaus beschuldigten.

Noch eine weitere militärische Hinterlassenschaft erweist sich heute als wertvolle Überlebenshilfe für eine andere faszinierende, selten gewordene Tierart. An lauen Sommerabenden sind sie gut zu beobachten, die nächtlichen Flieger: Kleine flatternde Schatten, die die waghalsigsten Flugmanöver ausführen, lautlos und mit ungeheurer Geschwindigkeit. Die − seit Urzeiten einzig verbliebenen − fliegenden Säugetiere nutzen die alten Bunkeranlagen im ehemaligen Militärgelände zur Überwinterung und als Kinderstube. Einige Fledermausarten benötigen zum Überwintern möglichst gleichbleibend warme und mit hoher Luftfeuchtigkeit ausgestattete Quartiere, bei uns meist Keller oder Bunker. Fledermäuse stehen unter Naturschutz, Fledermausquartiere werden nach EU-Naturschutzrecht europaweit geschützt.

Wildreiche Wälder

Die an die Heideflächen angrenzenden Wälder bilden Deutschlands größten, unzerschnittenen Traubeneichenwaldbestand. Weit ab von Lärm und Hektik können hier urige, bis zu 300 Jahre alte Eichen bestaunt werden.

Einst frönten in diesen Waldgebieten die sächsischen Kurfürsten ihrer Jagdlust. Die im 17. und 18. Jahrhundert stattfindenden, zum Teil dreiwöchigen Jagden brachten zuweilen über 400 Stück Wildbret. Noch heute sind Großsäuger wie Rotwild oder Wildschweine in den Wäldern und in der Feldflur häufig anzutreffen. Es war jedoch besonders der Auerhahn, der es den Königen und Fürsten vergangener Zeiten angetan hatte. Eine Forstkarte von 1747 bezeichnet vier „Auerhahnbalzen" allein in der Liebenwerdaer Heide.

Durch die Nachkriegswirren mit vielen Bränden und Holzeinschlägen und durch die spätere großflächige Nutzung als Truppenübungsplatz ging der Bestand dieses truthahngroßen Hühnervogels jedoch immer weiter zurück.

Ein Artenschutzprogramm soll jetzt wieder Lebensraum für diesen Großvogel schaffen. In einem Pilotprojekt sollen Auerhühner ausgesetzt und mit Sendern ausgestattet werden. Ökologischer Umbau des Waldes wird dann nicht nur dem Auerhuhn, sondern auch anderen altholzbewohnenden Arten wie Rauhfußkauz, Schwarzstorch, Hirschkäfer und Waldschnepfe nützen und soll zu deren größerer Verbreitung beitragen.

AUERHAHN
Einladung zur Wiederansiedlung

Rettung vom Lobenhirten – nur für Sonntagskinder

In unmittelbarer Nähe befindet sich ein Schatzkästchen der besonderen Art – das Moorgebiet „Der Loben". Es ist eine der wertvollsten Landschaften im Naturpark, ein etwa 1.670 Hektar großes Naturschutzgebiet. Hier wurden 45 Lebensraumtypen nachgewiesen, darunter Torfmoosmoore, Feuchtwiesen, Torfstiche, Tongruben, Kiefern-Moorwald, Erlenbruchwald und Moorheiden. 316 Pflanzenarten wurden gezählt, 32 davon gelten als gefährdet.

Moore können große Mengen Wasser aufnehmen und in Trockenzeiten langsam wieder an ihre Umgebung abgeben. Sie sind unverzichtbar für den regionalen Wasserhaushalt und bestimmen das regionale Klima entscheidend mit. Entwässerungen haben ihnen stark geschadet. Melioration durch Landwirtschaft und Bergbau schneiden den Loben von einer ständigen Wasserzufuhr ab. Um die Verlandung zu stoppen, wurde der Wasserhaushalt im Naturschutzgebiet Loben durch vielfältige Maßnahmen stabilisiert und der Lebensraum von Sumpfporst, „fleischfressendem" Sonnentau, Laubfrosch und Kranich erhalten. Auch Wanderer und Radfahrer können auf der Heide-Moor-Tour, zu der man im Besucherzentrum des Naturparks Informationen erhält, weiterhin die geheimnisvolle Welt des Moores erleben.

BREITBLÄTTRIGES KNABENKRAUT
Blütezeit Anfang Mai bis Ende Juli

Geheimnisvoll und unheimlich, so haben unsere Vorfahren die Moore empfunden, stand man hier doch stets auf unsicherem, trügerischen Boden. Kein Wunder, dass sich besonders um Moore viele Sagen und Legenden ranken. Die Gefahren des Moores spiegeln sich auch in der Sage vom Lobenhirten wider: Er soll auf seiner Flöte gespielt haben, wenn sich ein Fuhrwerk dem Moor näherte. Doch sein Spiel hörten nur die Sonntagskinder, die er damit vor dem Versinken rettete. Auch von versunkenen Wirtschaften und ganzen Ortschaften erzählen Sagen in allen Regionen immer wieder. In diesem Fall soll es die „Lobenburg" gewesen sein, die einst im Moor versunken ist.

Urgewalten als Landschaftsgestalter

Die vor etwa 180.000 Jahren zu Ende gegangene Saale-eiszeit formte die älteste Landschaft im Süden Brandenburgs. Die zurückweichenden Eismassen hinterließen im Bereich des rund 484 Quadratkilometer großen Naturparks Niederlausitzer Heidelandschaft ein riesiges natürliches Staubecken, das soge-nannte Kirchhain-Finsterwalder Becken. Hier sammelten sich die nacheiszeitlichen Schmelzwasser, um dann durch ein Tor zum Urstromtal in die Niederung der Schwarzen Elster abzufließen.

Weite Wälder auf der Hochebene im Norden, moorige, sumpfige Landschaft in den Niederungen der Kleinen und Schwar-zen Elster im Süden, so muss man sich das Gebiet des Natur-parks noch vor über 800 Jahren vorstellen. Mit der Gründung des Klosters in Dobrilugk und der folgenden Ausweitung des Klosterbesitzes durch die Zisterziensermönche begann die um-fassende Kultivierung dieses Landstriches. Wälder wurden gero-det oder durch Beweidung stark aufgelichtet, Fischteiche ange-legt und Landwirtschaft betrieben.

Schon damals hat der Abbau von Bodenschätzen im Gebiet des Naturparks stattgefunden. Dabei waren es zunächst Rasen-eisenstein, Grauwacke, Ton und Torf, die als Baumaterial benö-tigt wurden. Vor etwa 150 Jahren begann das Schürfen nach dem „Schwarzen Gold", der Kohle. Noch heute wird in der Region Kies für die Baustoffnutzung abgebaut.

NATURSCHUTZGEBIET GRÜNHAUS
Pionierpflanzen halten den Sand fest

Trittsteine der Bergbaugeschichte

Die Eismassen der Saaleeiszeit haben durch ihr Kommen und Gehen den Süden Brandenburgs geformt. Kaum weniger gewaltig war der zweite Landschaftsgestalter der Region – der großflächige Braunkohletagebau. Er schuf Kulturlandschaften von teilweise bizarrem Aussehen. Die Spuren sind im Naturpark überall zu finden. Kleinere und größere Wasserflächen, Bruch- felder und steppenartige Landschaften zeugen davon. Insgesamt waren hier mehr als 40 Gruben bergamtlich registriert, sieben Brikettfabriken produzierten den begehrten Brennstoff.

Die Hinterlassenschaften des Braunkohlenabbaus bieten neue Chancen für Mensch und Natur. Die stillgelegten Gruben, die Teiche und Seen haben sich inzwischen zu Naherholungs- gebieten oder zu wertvollen Refugien für seltene Tier- und Pflan- zenarten entwickelt. Findlinge mit dem Schriftzug „Trittsteine der Bergbaugeschichte" weisen an den einzelnen Stationen des auf diese Weise „ausgeschilderten" Radweges den Weg, Tafeln infor- mieren über die Abbaugeschichte. Am Weg sind Sehenswürdig- keiten wie das Weißgerbermuseum in Doberlug-Kirchhain, ein ehemaliger Steinkohlenerkundungsschacht, die Klosterkirche und das Schloss in Doberlug, der Hammerteich und die Kirche sowie die Blockhäuser in Fischwasser zu besichtigen.

NATURPARK NIEDERLAUSITZER HEIDELANDSCHAFT

An den alten Steinbruch in Fischwasser erinnert nur noch ein Gewässer. Eine Sage erzählt von einem armen Hirten, der im Wald eine sonderbare blaue Blume gefunden haben soll. Sie hatte ihm viel Glück und Reichtum gebracht. Nicht verwunderlich, dass sich auch die Bewohner von Fischwasser eine solche blaue Blume wünschten. Sie suchten im Wald, gruben nach ihr – und trugen dabei der Sage nach den ganzen Felsen ab.

Unter Schutz: Fauna und Felsen

Im Naturpark Niederlausitzer Heidelandschaft kommen etwa 50 Säugetierarten vor. Besonders erwähnenswert ist das flächendeckende Auftreten von Biber und Fischotter.

Während im 14. Jahrhundert der Biber an der Schwarzen Elster noch äußerst häufig anzutreffen war, kam es nach 1851 zur Zeit der Elsterregulierung zum Einbruch der Bestände. Erst in den 1970er und 1980er Jahren konnten wieder zahlreiche Ansiedlungen des Bibers, besonders in Altarmen und Gräben entlang der Schwarzen Elster, verzeichnet werden.

Noch im letzten Jahrhundert war der scheue Fischotter in den Gräben um Plessa, an der Schwarzen und Kleinen Elster, an den Maasdorfer Teichen und am Mühlstrom bei Plessa zu finden. Heute besiedelt der Fischotter im Naturpark die Schwarze Elster, deren Altarme und die Große Röder. Dazu kommen alle Fischteichgebiete sowie ältere Restlöcher der Abbaugebiete Tröbitz und Rückersdorf.

Ein besonderes naturtouristisches Highlight ist der Rothsteiner Felsen. Die Entstehung dieses Gesteins konnte weltweit nur dreimal nachgewiesen werden: in Neuseeland, den USA und bei Rothstein. Vor mehr als 600 Millionen Jahren, als die gesamte Region noch den Grund eines Meeres darstellte, entstand die Grauwacke, die durch die Ablagerungen aus heißen Quellen verkieselt wurde. Durch tektonische Vorgänge wurde sie später an die Oberfläche gehoben.

Der Rothsteiner Felsen hat von jeher das Interesse der Bevölkerung gefunden. Im Vordergrund stand dabei zunächst die wirtschaftliche Bedeutung. Rothsteiner Schotter wurde beim Bau vieler Straßen der Umgebung als Untergrund verwendet. Ebenso weisen die Fundamente vieler Gebäude im gleichnamigen Ort Rothsteiner Gestein auf. Der Felsen wurde 1915 als Flächennaturdenkmal unter Schutz gestellt. Jedes Jahr im Juli feiern die Einheimischen und ihre Gäste am Fuß des Felsens das Rothsteiner Felsenfest.

„Es klappert die Mühle ..."

Von den einst etwa 160 Wind- und Wassermühlen in der Region von Elbe und Elster im 18. Jahrhundert sind nicht mehr viele übriggeblieben. Diejenigen allerdings, die restauriert wurden, haben sich zu kleinen Schmuckstücken entwickelt und lohnen einen Besuch, beispielsweise auf einer Radtour. Erst 2004 wurde die wiederaufgebaute Bockwindmühle von Elsterwerda der Öffentlichkeit übergeben. Die Elstermühle in Plessa stammt aus dem Jahre 1420 und kann heute als technisches Museum besichtigt werden, die gemütliche Mühlenschänke bietet regionale Köstlichkeiten an. Außerdem befindet sich hier der Sitz des Naturpark Fördervereins und eine Außenstelle der Naturwacht.

ELSTERMÜHLE PLESSA
Gemütliche Schänke und Technikmuseum

PALTROCKWINDMÜHLE OPPELHAIN
Die Mühlentechnik ist zu besichtigen

Das Mühlenhofmuseum in Grünewalde, auf dem Grundstück einer ehemaligen Wassermühle, zeigt Geräte, Maschinen und Ausrüstungen, an denen die Geschichte des Getreideanbaus, der Ernte und der Verarbeitung anschaulich wird.

Natürlich ist auch die Vierte im Bunde, die Paltrockwindmühle in Oppelhain, sehenswert. Der Name dieses Mühlentyps stammt wohl vom so genannten Pfalzrock, weil die Form der Mühle Ähnlichkeit mit diesem Pfälzer Kleidungsstück hat. Im Kräutergarten Oppelhain sind nicht nur rund 60 regionaltypische Wild- und Gewürzkräuter zu beschnuppern. In dem rund 4.000 Quadratmeter großen Gelände sind auch zahlreiche mannshohe Mühlenmodelle der Region zu bestaunen.

Spurensuche: „Gute Wiese" und Bad Liebenwerda

Die Mönche des Zisterzienserordens, die vor rund 800 Jahren an den Ufern der Kleinen Elster bei Doberlug („dobry lug" − auf deutsch „gute Wiese") siedelten, prägten die gesamte Region. Sie rodeten Wälder, entwässerten sumpfige Niederungen, legten Fischteiche und Weinberge an und betrieben Bienenzucht.

Im 13. Jahrhundert gehörten dem Kloster nahezu 60 Orte, Wirtschaftshöfe und andere Besitzungen. Noch heute weisen viele Kirchen, Teiche und alte Flurnamen auf die Anlage und Nutzung durch die Zisterzienser.

Eine rund 50 Kilometer lange Radtour, zu der man Informationen und Streckenverlauf von der Naturparkverwaltung erhält, verbindet nicht nur Besichtigungsmöglichkeiten zahlreicher sehenswerter Kirchen, des Bauernmuseums in Lindena und des Weißgerbermuseums in Doberlug-Kirchhain. Sie führt auch durch das Naherholungsgebiet Bad Erna, durch alte Wälder, an Wiesen entlang, die ein Nahrungsparadies für Storch & Co sind, und zu kleinen Flüsschen, wo sich Fischotter und Biber zu Hause fühlen.

Im Besucherzentrum des Naturparks in Bad Liebenwerda kann man ganz ungefährlich zum Gipfelstürmer werden, denn das Modell des Rothsteiner Felsens ist auch zum Besteigen gedacht. Ein Apfel-Memory gibt einen kleinen Einblick in die Vielfalt der verschiedenen Sorten. Auf den Plauderbänken im Besucherzentrum können die Besucher interessanten Geschichten aus dem Norden oder dem Süden des Naturparks in den entsprechenden Dialekten lauschen: Mitten durch den Naturpark verläuft auch heute noch eine Sprachgrenze. Vom „Wappentier" des Naturparks, dem Auerhuhn, erhält man einen Eindruck anhand der Präparate von Hahn, Henne und Küken. Dazu gibt es die Balzrufe des Hahns zu hören und interessante Informationen zu dieser vom Aussterben bedrohten Tierart.

Besucherinformation

Besucherzentrum:
Naturpark Niederlausitzer Heidelandschaft
Markt 20   04924 Bad Liebenwerda
Fon 035341 61 50
np-niederlausitzer-heidelandschaft@lua.brandenburg.de
www.naturpark-nlh.de
www.grossschutzgebiete.brandenburg.de

Anfahrt
Regionalexpress Bhf. Bad Liebenwerda (12 Min. Fußweg)

B101 nach Bad Liebenwerda, B183 nach Bad Liebenwerda,
Autobahn A 13, Abfahrt Ruhland weiter B 169 über Elsterwerda
nach Bad Liebenwerda

WANDERREITEN IM NATURPARK
Großes Angebot geführter Touren

IM „KLEINEN SPREEWALD"
Kahnfahrt bei Wahrenbrück

Tourismusinformation
Tourismusverband Elbe-Elster-Land e.V.
Markt 20   04924 Bad Liebenwerda
Fon 035341 306 52

Reiseführer
Beate Schubert u.a. (Hrsg.), Brandenburg. Der Süden Band 2:
Die Niederlausitz und das Elbe-Elster-Land, Pro-Line-Concept-
Verlag, Templin 2004, ISBN 3-931021-50-5

Rasmus, Carsten und Klaehne, Bettina, Erlebnisführer Naturparks
in Brandenburg, KlaRas-Verlag Berlin 2000, ISBN 3-933135-05-2

Karte
Landesvermessung und Geobasisinformation Brandenburg (Hrsg.),
Topographische Freizeitkarte 1:50.000 Naturpark Niederlausitzer
Heidelandschaft mit Wanderwegen, Potsdam,
ISBN 3-7490-4090-7

**Naturpark
Nuthe-Nieplitz**

14 „WILDNIS" AUS ZWEITER HAND

August 2003 im Naturpark Nuthe-Nieplitz. Es war ein heißer und trockener Sommer. Immer wieder wüteten Brände auf den ehemaligen Truppenübungsplätzen bei Jüterbog und Luckenwalde. Mit einem Großaufgebot versuchte die Feuerwehr die Brände unter Kontrolle zu bringen. Teilweise musste sie sich darauf beschränken, die Ausweitung zu verhindern: Wegen der gefährlichen Munitionsbelastungen konnten nicht alle Brandherde bekämpft und schon gar nicht gelöscht werden. Die „Roten Zonen", die am stärksten mit Kampfmitteln verseuchten Gebiete der ehemaligen Truppenübungsplätze, dürfen nicht einmal von Feuerwehrleuten betreten werden. Zudem entzündete explodierende Munition die Flammen immer wieder aufs Neue, der Wind fachte das Feuer weiter an.

Einfach brennen lassen, bis das Feuer keine Nahrung mehr findet, das ist oft nicht nur die sicherste, sondern auch die beste Lösung. Den Naturschützern wäre es recht. Natürliche, durch Selbstentzündung entstehende, periodisch wiederkehrende Waldbrände haben eine wichtige ökologische Funktion. Sie halten nicht nur die großen Flächen mit Heiden und Trockenrasen offen, sie verknappen auch das Nährstoffangebot, die Flammen verzehren die degenerierenden Altpflanzen: eine Voraussetzung für die Verjüngung und den Erhalt von Heiden und Offenflächen als wertvollste, artenreiche, komplexe Lebensräume.

In Brandenburg sind solche Lebensräume großflächig vor allem auf ehemaligen Truppenübungsplätzen erhalten geblieben. Bodenverwundungen durch mahlende Panzerketten, Lastwagenkolonnen und marschierende Truppen wie auch die vielen durch den Schießbetrieb oder Unachtsamkeit entfachten Brände haben bewirkt, dass sich hier die natürliche Sukzession, die auf den Heidebewuchs folgende, allmähliche Bewaldung, nicht stattfinden konnte. Offene Sandflächen mit spärlichem Bewuchs, Dünen, Heiden und Vorwälder mit den an diese Bedingungen

EHEMALIGER TRUPPENÜBUNGSPLATZ „JÜTERBOG-WEST"
Unzerschnittene Weite bis zum Horizont

angepassten Tieren und Pflanzen überdauerten. Denn die historische Nutzung der Heiden durch Schafbeweidung und Abplaggen – das Abheben der Humusschicht zur Verwendung als Stallstreu, Brennmaterial oder Dünger – spielt schon seit rund 150 Jahren keine nennenswerte Rolle mehr.

„Entmilitarisierte Zone" – Jüterbog-West

Im Süden des Naturparks Nuthe-Nieplitz, nordwestlich von Jüterbog, liegt bis zum Horizont ausgebreitet ein solcher ehemaliger Truppenübungsplatz. Auf ihm erstreckt sich eine riesige „Wildnis". Keine echte Wildnis, die gibt es in ganz Deutschland praktisch nicht mehr, eher eine aus zweiter Hand, mit einer Natur, die den Vorstellungen von Wildnis recht nahe kommt.

Mit über 7.000 Hektar ist das Naturschutzgebiet „Forst Zinna-Jüterbog-Keilberg" eine der größten Naturschutzflächen im Land Brandenburg. Zugleich ist das Gebiet eines der größten unzerschnittenen Areale Mitteleuropas: Weder Ortschaften noch bewirtschaftete Felder sind zu finden, kein einziger asphaltierter Verkehrsweg durchschneidet ein Gebiet von rund 100 Quadratkilometern, angrenzende Agrarflächen mitgerechnet.

Auf dieser riesigen, von land- und forstwirtschaftlicher Nutzung verschont gebliebenen Fläche findet sich eine Landschaft, die dem nahe kommt, was man sich in Deutschland unter dem Wort „Wildnis" vorstellen kann. Ausläufer von Wüste, Steppe und Taiga scheinen sich bis kurz vor die Tore der nahen Millionenmetropole Berlin verirrt zu haben. Die einzigen, wenn auch deutlichen Zeichen der Zivilisation sind die militärischen Hinterlassenschaften: verfallene Beobachtungstürme und Bunker.

Der Schießplatz Jüterbog war einer der ältesten Truppenübungsplätze Deutschlands. Seit den 60er Jahren des 19. Jahrhunderts übten hier die königlich-preußischen Rekruten das Schießen. Ab 1933 von der Wehrmacht genutzt, erfuhr das Übungsgelände ständige Erweiterungen, die auch vor der Umsiedlung ganzer Dörfer nicht halt machten. Mehlsdorf, im Angriffsübungsfeld liegend, wurde völlig zerstört. Felgentreu wurde durch Neubesiedlung nach dem Zweiten Weltkrieg wiederbelebt, Dorf Zinna als Neuheim neu gegründet. Seit 1945 nutzte die

Rote Armee das Gelände als Artilleriezielgebiet, Panzerübungs- und Schießgelände, zuletzt waren auf dem Platz bis zu seiner endgültigen Aufgabe 1993 GUS-Streitkräfte stationiert.

Heute gehört der ehemalige Truppenübungsplatz Jüterbog-West mit seinen Zwergstrauchheiden, Sandtrockenrasen, den daraus jungfräulich erwachsenden Wäldern, alten Hutewaldresten und Hangmoorwäldern, den Quellbächen und einer gewaltigen Flugsanddüne zu den ökologisch wertvollsten Landschaftsteilen in Brandenburg.

Dieses reiche Landschaftsmosaik beherbergt eine Vielfalt seltener und bemerkenswerter Arten. Den Sand besiedeln Dünensandläufer, Brachpieper, Steinschmätzer, Sandohrwurm und Schlingnatter. Die mit Besenginster und Heidekraut bedeckten halboffenen Heidelandschaften sind der Lebensraum von so seltenen Vögeln wie Ziegenmelker, Heidelerche und Raubwürger.

Der vom Aussterben bedrohte Wiedehopf nutzt die offene, ungestörte Landschaft mit kurzer, schütterer Pflanzendecke zur Bodenjagd. Gleichzeitig findet er in den unberührten Waldgebieten, die ehemals den Übungsplatz von der Umgebung abschirmten, geeignete Bruthöhlen in älteren, hohlen Bäumen. Zur Vielfalt der Heide kommen noch unzählige Arten von Web- und Röhrenspinnen, Käfern, Heuschrecken und Schmetterlingen hinzu, die die Nahrungsgrundlage für die seltenen Wirbeltiere bilden.

NATURSCHUTZGEBIET FORST ZINNA-JÜTERBOG-KEILBERG
Naturwacht-Wanderung entlang der Wanderdüne

Auf dem ehemaligen Militärgelände siedeln auch Baumfalke und Wespenbussard, Wendehals, Schwarz- und Braunkehlchen. Selbst Bekassine und Kranich und sogar der Eisvogel kommen in den Feuchtbereichen vor. Einmalig für die Region sind große Lurch- und Kriechtiervorkommen, zu denen Laubfrosch, Rotbauchunke und Kreuzkröte gehören.

Vom Winde verweht

Wenn die offenen Sandflächen, die durch die starke Beanspruchung der Militärs entstanden sind, an Wüstenlandschaften erinnern, glaubt sich mancher Betrachter beim Anblick der Dünen mitten im trockenen Binnenland an Meeresküsten versetzt. Zwar sind zunächst nur wenige Pflanzen wie Silbergras oder Sandsegge in der Lage, im offenen Sand Fuß zu fassen. Doch im Zuge der Sukzession verschwinden die Offenflächen immer mehr unter Bewuchs, wenn nicht erneut eingegriffen wird. Damit verliert auch der Wind die Angriffsflächen zum Sandtransport, was sich auf Jüterbog-West vor allem auf die mächtige, etwa neun Hektar große Flugsanddüne auswirkt.

Schon von weitem zieht der Sandkoloss den Blick auf sich. Aus den weiten Sand- und Heideflächen erhebt er sich wuchtig, nackt und langgestreckt – mit einem mehr als 800 Meter langen Dünenrücken. Ständig verändert der Wind diese Oberfläche, greift an der einen Stelle in den losen Sand, um ihn an anderer Stelle wieder abzusetzen. Bis vor kurzem war die Düne als eine der letzten aktiven Binnendünen noch auf Wanderschaft, inzwischen ist sie fast vollständig zur Ruhe gekommen. Die spärlichen Sandbewegungen sind nicht mehr in der Lage, an ihrem Fundament zu „rütteln" und der Bewuchs ihrer Flanken schreitet voran.

Die Düne ist ein Besuchermagnet, die touristische Nutzung der gesamten ehemaligen militärischen Liegenschaft aber aufgrund der massiven Munitionsbelastung problematisch. Das Betreten ist der Öffentlichkeit wegen der Gefährdungen nach wie vor verboten. Die Stiftung Naturlandschaften Brandenburg als Flächeneigentümer möchte diese einmalige Natur Besuchern jedoch zugänglich machen. Frei begehbare, munitionsgeräumte Rundwanderwege in den Randbereichen des Platzes sind in Vorbereitung.

Regelmäßig werden geführte Exkursionen in verschiedene Bereiche des Areals angeboten. In Begleitung fachkundiger Wanderführer und Naturwächter ist das Gebiet zu jeder Jahreszeit ein Erlebnis: Im Winter werden Wildtierfährten ins Visier genommen. Im Frühjahr erwachen die schütteren weiten Birkenwäldchen zu frischem Grün. Im Spätsommer blüht die Heide und bedeckt wie ein großer, dicker, in sattem Lila leuchtender Teppich die flache, offene Fläche, die sich fast bis zum Horizont erstreckt. Und der Herbst taucht die schier endlose Weite in sein prächtiges, buntes Farbenspiel.

Begegnungen mit Rot-, Dam- und Muffelwild

Jüterbog-West in Klein, weniger Weite, aber gut zu durchwandern und zur Zeit der Hirschbrunft, Ende September/Anfang Oktober, mit röhrenden Hirschen, leuchtend goldenem oder feurigrotem Farbenspiel: Das ist das Wildgehege Glauer Tal, zwischen Blankensee und der Ortschaft Glau gelegen. Der kleine ehemalige Truppenübungsplatz mit seinem eingezäunten Areal von rund 160 Hektar hat sich zu einem beliebten Ausflugsziel entwickelt. Innerhalb des Zaunes, dessen Vorhandensein der Besucher schnell vergisst, ist es möglich, freilaufendes Rot-, Dam- und Muffelwild wie in freier Wildbahn zu erleben.

WILDGEHEGE GLAUER TAL
Rot-, Dam- und Muffelwild wie in freier Wildbahn

Vom ehemaligen „Feldherrenhügel" bietet sich eine schöne Sicht auf das Gelände: Von Mai bis Juni leuchten hier Ginsterbüsche in gelber Blüte, steht flimmernde Hitze über der offenen Heide, hängt der Duft von Ginster, Heide und würzigem, warmen Waldboden in der Luft. Hier und da kommen junge Kiefern und Birken hoch. Kleine Gruppen Rotwild, ein paar Mufflonschafe und Damwild mit Jungen stehen dicht unter Schatten spendenden Bäumen oder haben sich in die Deckung des Waldes zurückgezogen. Deutlich ist der wiederkehrende, melancholische Ruf des Bussards zu hören. Ein Fischadler zieht in der Nähe seine Kreise.

Die Geweihe der stattlichsten Hirsche zählen bereits achtzehn, zwanzig oder gar zweiundzwanzig Enden. Die Tiere lassen sich von Besuchern an den Beobachtungspunkten nicht beunruhigen, ihre Fluchtdistanz ist noch längst nicht unterschritten. Mit dem Fernglas kann man sie in aller Ruhe betrachten. Der Weg zur Tränke verspricht ein Rendezvous mit dem Damwild, nicht selten wechseln auf einer Wanderung Mufflonschafe keine 20 Meter entfernt vor den Besuchern über den Weg. Eins nach dem anderen springen sie aus der Deckung, beschleunigen auf dem Weg mit wenigen, großen Sätzen und verschwinden auf der anderen Seite wieder im Dickicht. Schön sind ihre geschwungenen Hörner und ihre schwarz-weiß-braune Zeichnung zu sehen.

ROTWILD AUF GLAU
Rendezvous mit dem Platzhirschen

UNGEHEUERWIESEN ZWISCHEN STÜCKEN UND BLANKENSEE
Morgenstimmung auf der extensiven Rinderweide

Das Wild ist nicht nur zur Freude der Touristen im Gelände. Um die hundert Wildtiere, unterstützt von etwa einem Dutzend Islandpferden, verrichten hier wertvolle Landschaftspflege: Durch Tritt und Pflanzenverbiss halten sie den Aufwuchs niedrig, die Landschaft offen und ermöglichen damit, dass Arten wie Wiedehopf und Heidelerche, Sandstrohblume und Blauflügelige Ödlandschrecke hier ihren Lebensraum behalten. Seit 2001 brütet jedes Jahr ein Fischadlerpärchen erfolgreich im Gelände. An einer Sandabbruchkante hat sich eine Uferschwalbenkolonie eingenistet.

Diese seltenen Tiere und Pflanzen sind auf Lebensräume angewiesen, wie sie Offenlandschaften mit kleinen Nischen im Gelände bieten. Wächst diese Landschaft zu, verschwinden sie. Im Wildgehege Glauer Tal werden Naturschutz, Wissenschaft, Wildtierhaltung und Erholung miteinander verknüpft. Wissenschaftler der Universitäten in Berlin, Potsdam und der Fachhochschule Eberswalde begleiten das Projekt.

KRANICHFLUG
Etwa 30 Kranichpaare brüten im Naturpark Nuthe-Nieplitz

Das Glauer Tal selbst erstreckt sich eingerahmt zwischen Nuthe und Nieplitz entlang der bei Blankensee emporragenden Glauer Berge. Dieser Höhenzug stellt eine der markantesten Stauchmoränenketten des südlichen Brandenburgs dar. Das Tal musste zum Ende der jüngsten Eiszeit gewaltige Wassermassen aufnehmen und ableiten. Die Hochflächen der Glauer Berge sind mit knorrigen Krüppelkiefern bestanden. Dazwischen öffnet sich die Aussicht auf die Niederung, Wanderwege führen durch steilwandige Kehlen ins Tal. Um den Kapellenberg mit seiner verfallenen Kapellenruine rankt sich manche Legende. Von einem Goldschatz ist die Rede, der vom Teufel bewacht wird, von unterirdischen Gängen und unheimlichen Begebenheiten.

Die Schätze von Blankensee

Mitten im Herzen des Naturparks liegt Blankensee, ein traditionell beliebter Ausflugsort. Zum Wildgehege Glauer Tal ist es nicht weit, der Besuch des Geheges lässt sich gut mit einer Besichtigung des Ortes verbinden.

Besonders schön ist ein Rundgang durch den „Schlosspark". Das Schloss – eigentlich ein Herrenhaus – war kurzzeitig Adelssitz derer von Thümen, dem Adelsgeschlecht, das 500 Jahre lang die Geschichte zwischen Nuthe und Nieplitz bestimmte. 1902 erwarb es der Schriftsteller Hermann Sudermann. Sudermann hatte als Dramatiker 1890 in Berlin Erfolge gefeiert, bis

Gerhart Hauptmann ihm Ende des 19. Jahrhunderts den Rang ablief. Sudermann zog sich ins Blankenseer „Exil" zurück. Von zahlreichen Reisen brachte er Skulpturen und Kunstgegenstände mit, mit denen er Park und Schloss nach und nach ausstattete. Sehenswert ist neben der „Kaiserallee" und Venusinsel, dem italienischen Garten, diversen Säulen, Statuen und Tempelchen aber vor allem der vom verzweigten Lauf der Nieplitz durchflossene Park selbst. Mit den hohen, Efeu bewachsenen Bäumen, seinen geschwungenen weißen Brücken und einem ständigen Wechselspiel von Licht und Schatten bietet dieser Park zu allen Jahreszeiten eine zauberhafte Atmosphäre. Für den Rundgang sollten Besucher sich deswegen etwas Zeit nehmen. Im benachbarten Bauernmuseum erhält man ein Faltblatt zur Geschichte von Schloss und Park mit interessanten Erläuterungen zu den von Sudermann gesammelten Kunstgegenständen.

Das Bauernmuseum ist im ältesten erhaltenen Gebäude von Blankensee, einem Märkischen Mittelflurhaus aus dem Jahr 1649, untergebracht. Es zeigt die typische Wohnsituation und Ausstattung einer bäuerlichen (Groß-)Familie im 19. Jahrhundert. Auch alte Ausgrabungsstücke aus der Region – zum Beispiel Tonscherben und Fiebeln, Klammern, die dem Zusammenhalt der Gewänder dienten – und wechselnde Ausstellungen zu Kunst und Kultur der Gegenwart werden gezeigt. In der Museumsschänke gibt es Speisen und Getränke. Die Einkehrer können bei gutem Wetter auch draußen sitzen. Die große Wiese hinter dem alten, ehemaligen Scheunengebäude reicht hinunter bis zum Nieplitzufer, wo nicht selten ein Graureiher zu beobachten ist. Alljährlich im September wird auf der Wiese das Museumsfest gefeiert.

Kulturgeschichtliche Kostbarkeiten birgt auch die von außen unscheinbare Dorfkirche, unter anderem einen barocken Kanzelaltar aus dem Jahre 1706 und einen venezianischen Taufstein aus der ersten Hälfte des 11. Jahrhunderts. Er soll einst auf dem Marktplatz von Venedig gestanden und als Brunnen gedient haben. Aus dem Nachlass Hermann Sudermanns gelangte er schließlich in die Blankenseer Kirche. 1991 kam bei Renovierungsarbeiten ein etwa vierhundert Jahre altes Renaissance-Wandbild mit der – nicht vollständig erhaltenen – Darstellung des salomonischen Urteils zum Vorschein. Die drei alten Glocken der Kirche stammen aus den Jahren 1400, 1406 und 1517.

Fliegende Edelsteine

Riebener See, Blankensee, Grössinsee, Gröbener See – wie Perlen an der Nieplitz reihen sich die Seen der Nuthe-Nieplitz-Niederung aneinander. Sie sind wahre Vogelparadiese, bieten Wasser- und Watvögeln Rast- und Brutmöglichkeiten.

Der Blankensee mit seiner rund 300 Hektar großen Wasserfläche ist der größte von ihnen. Er steht unter Naturschutz. Sein intakter, an einigen Stellen mehrere hundert Meter breiter Schilfgürtel bietet hervorragende Deckung für Vögel und verhindert den Zugang für Menschen. Nur an einer Stelle am Nordostufer des Blankensees ist der Zugang möglich. Hier wurde ein Bohlensteg errichtet, der einen großartigen Blick auf die weite Wasserfläche eröffnet.

Von hier aus sind Gänse, Enten und Rallen zu beobachten. Oft lungert der Reiher am Wehr in der Nähe der Fischerei herum, offensichtlich in der Hoffnung auf leichte Beute. Mit dem Fernglas sind weiter draußen häufig Kormorane zu entdecken, die ihre Flügel zum Trocknen ausgebreitet haben. Meist kreisen in einiger Entfernung auch See- oder Fischadler, beide haben in der Nähe ihre Horste. Wer sich Zeit nimmt und länger auf dem Bohlensteg verweilt, kann zuweilen auch den „fliegenden Edelstein", den farbenfroh schillernden Eisvogel, vorbeizischen sehen.

EISVOGEL
Stürzt sich vom Ansitz stoßtauchend auf die Beute

NATURPARK NUTHE-NIEPLITZ

Am Weg nach Glau ist ein ganz besonderes Naturdenkmal und eine kulturgeschichtliche Besonderheit zu bestaunen: eine Maulbeerbaumallee. Sie stammt noch aus der Zeit, als der „Alte Fritz" den preußischen Bauern aufgetragen hatte, Seidenraupen zu züchten, um unabhängig von den teuren chinesischen Seidenimporten zu werden. Das Experiment ging schief, die Raupen wollten unter brandenburgischen Bedingungen einfach keine Seide spinnen. Die Maulbeerbäume aber blieben bis heute erhalten, sie sind jetzt über zweihundert Jahre alt.

Ein Hauch von Everglades

Die flache Nuthe-Nieplitz-Niederung ist beliebt bei Radsportlern. Immer wieder trifft man auf ganze Pulks von rennradelnden Sportbegeisterten aller Altersstufen. Auch die Entdeckung des Naturparks per Rad bietet sich an. Allerdings gibt es – noch – kein geschlossenes Radwegesystem. Am ehesten empfiehlt sich wohl eine Kombination aus Radtour und Wanderung. Viele der lohnendsten Feldwege sind nicht oder nur abschnittweise zum Radfahren geeignet. Zum Beispiel der „Schwarze Weg" zwischen Körzin und Stücken oder der Lankendamm, der etwa zwei Kilometer vor Schönhagen von der Landstraße abbiegt und am Südufer des Blankensees entlang nach Stangenhagen führt. Dieser einstige Knüppeldamm führt zunächst durch einen Bruchwald und ein Feuchtgebiet. Auch hier ist eine „Wildnis aus zweiter Hand" entstanden, als nach 1990 die Schöpfwerke zur Entwässerung des Niederungsgebietes abgeschaltet wurden. Unwillkürlich fühlt mancher Betrachter sich an Bilder aus dem Fernsehen erinnert – so etwa, nur unendlich viel größer, stellt man sich Sumpfgebiete in Sibirien oder den Everglades in Florida vor.

Nach der Durchquerung des Bruchwaldes haben Wanderer noch einmal einen herrlichen Blick auf den Blankensee. An dieser Stelle wurde im Rahmen des ersten brandenburgischen Naturschutzgroßprojektes eine Streuobstwiese mit alten, hochstämmigen Obstsorten angepflanzt. Ohne dieses Naturschutzgroßprojekt, das die gesamte Nuthe-Nieplitz-Niederung umfasste, stünde hier an Stelle der Streuobstwiese heute wohl ein Golfhotel, schwirrten Golfbälle auf dem umliegenden „Grün" herum. Vom Naturschutzgroßprojekt, das rund 15 Millionen Euro an Bundes- und Landesmitteln in die Region brachte, profitiert auch der Schäfer, dessen Schafe die Wiesen rund um den Blankensee beweiden und damit Landschaftspflege betreiben.

Vogelparadies im Flachwasser bei Stangenhagen

An einem weiteren Aussichtspunkt und einem Fischadler-horst vorbei führt der Lankendamm nach Stangenhagen. Entlang des Pfefferfließes ist hier ein etwa viertelstündiger Fußmarsch zum Vogelbeobachtungsturm unbedingt zu empfehlen. Auf einem kleinen Deich führt der Weg am Ort Stangenhagen, an weiten Wiesen, Moor, Schilf und Wald entlang. Als 1990 die Schöpfwerke abgestellt wurden, weil sich ihr Betrieb für die Landwirtschaft nicht mehr lohnte, bildeten sich auf den ehemals landwirtschaft-lich genutzten Flächen südlich von Stangenhagen spontan Flach-wasserseen. Hier steht das Wasser jetzt ganzjährig über dem Niedermoor. Diese Flachwasserseen sind ein wahres Vogelparadies. Mit dem Fernglas können Silberreiher, Graureiher, Enten, Rallen und Kormorane, Höckerschwäne und auch die seltenen Sing-schwäne beobachtet werden. Über das Schilf streichen Rohr-weihen, auch den Rotmilan bekommt man häufiger zu Gesicht.

BEOBACHTUNGSTURM BEI STANGENHAGEN
Vogelparadies durch ganzjährig überflutete Wiesen

GRAUGANS
Im Herbst werden Gänsewanderungen angeboten

Besonders faszinierend ist es, im Oktober in der Abenddämmerung den zur Nachtruhe einfliegenden Gänse- und Kranich-
schwärmen vom Beobachtungsturm aus zuzusehen. Von allen
Seiten nähern sich dann im charakteristischen „V"-Flug kleine
und große Trupps, deutlich sind die Rufe von Kranichen und
Gänsen zu unterscheiden. Lassen sich die Neuankömmlinge auf
den Wasserflächen nieder, gibt es jedes Mal lautstarke Auf-
regung, bis jedes Tier seinen Platz gefunden hat. Mehrfach bietet der Naturpark zu diesem beeindruckenden Naturschauspiel
auch geführte Wanderungen an.

Wanderweg mit seltenem Namenspatron

Über Körzin und den „Schwarzen Weg" gelangen Wanderer
oder Radfahrer nach Stücken. Körzin ist ein kleiner Ort, wo sich
„Fuchs und Hase ‚Gute Nacht!' sagen" mit schöner Einkehrmög-
lichkeit. Am Ende einer Feldsteinstraße gelegen, gibt es in diesem Ort keinen Durchgangsverkehr. Alte Kopfweiden und äsende
Kraniche auf den benachbarten Feuchtwiesen kann entdecken,
wer noch ein Stück aus dem Dorf hinausläuft.

In Stücken startet ein weiterer lohnender Rundwanderweg, benannt nach dem Ortolan, einem Singvogel, der einem an Kinn und Kehle gelb eingefärbten Spatzen gleicht. Findlinge als Wegweiser erinnern an die gestaltenden Kräfte der Eiszeiten. Der Weg führt durch einen verträumten Wald zu einer imposanten Eiche, die wohl an die 300 Jahre auf der Krone hat und zum Naturdenkmal erklärt wurde. Weiter geht es am Mühlenfließ entlang zum Bauernteich. Beide waren einst für den Betrieb der Stückener Wassermühle angelegt worden. Von der Mühle selbst fehlt heute jede Spur. Kaum zu erkennen sind die nacheiszeitlichen Dünenfelder an der Route. Sandige Schmelzwasserablagerungen wurden hier vom Wind aufgehäuft, sie sind heute von schlichtem Kiefernforst bedeckt. Bald darauf formt ein idyllischer Heckenweg aus Eichen, Schlehdorn und Wildpflaume einen grünen Tunnel. Jenseits der Straße, die der Ortolan-Weg kreuzt, setzen sich die Feldgehölze in einer breiten, 700 Meter langen Hecke aus Wildapfel, Wildbirne, Vogelkirsche, Vogelbeere, Weißdorn, Schlehe, Wildrose und Weichselkirsche fort. Sie gliedert ein riesiges, etwa 120 Hektar großes Feld in zwei kleinere Schläge und stellt eine Biotopverbindung zu den Waldrändern dies- und jenseits des Ackers dar. Über eine bewaldete Hügelkette gelangt man zu den Ungeheuerwiesen, die ein beliebtes Revier für Wiesenbrüter darstellen und im Frühjahr und Herbst Scharen rastender Gänse und Kraniche beherbergen. Auch an den Ungeheuerwiesen steht ein Beobachtungsturm, von dem aus sich die Vogelscharen besonders in der Morgen- und Abenddämmerung gut belauschen lassen.

Der Ortolan selbst bevorzugt offene Bereiche mit Waldrändern an Getreide- und Hackfruchtfeldern. Als Deckung nutzt er einzeln stehende Bäume und Büsche, Alleen und Feldhecken. Die Intensivierung der Landnutzung in den 1960er und 1970er Jahren nahm ihm viele Lebensräume, die Art gilt als gefährdet. Dass die Nuthe-Nieplitz-Niederung heute zu einem bedeutenden Reproduktionsgebiet des Ortolans in Brandenburg geworden ist, kann wohl mit Recht als Gütesiegel für eine in weiten Teilen behutsame und naturverträgliche Landnutzung gewertet werden.

Besucherinformation
Naturparkverwaltung und Naturwacht Nuthe-Nieplitz
Beelitzer Str. 24   14947 Nuthe-Urstromtal, OT Dobbrikow
Fon 033732 506 10   np-nuthe-nieplitz@lua.brandenburg.de
www.naturpark-nuthe-nieplitz.de
www.grossschutzgebiete.brandenburg.de

Anfahrt
Regionalexpress RE 3 Bhf. Michendorf, Bus 608

B 246 in Zauchwitz Richtung Luckenwalde abbiegen bis
Dobbrikow
B 101 in Luckenwalde L 273 Richtung Potsdam abbiegen bis
Dobbrikow

Besucherinformation und Wildgehege Glauer Tal
Glauer Tal 1   14959 Trebbin OT Blankensee

Anfahrt
Straße zwischen Blankensee und Glau gegenüber Friedensstadt

Tourismusinformation
Tourismusverband Fläming e.V.
Küstergasse 4   14547 Beelitz
Fon 033204 62 87 62, -63   www.reiseregion-flaeming.de

Reiseführer
Rasmus, Carsten und Klaehne, Bettina, Wander- und Naturführer
Naturpark Nuthe-Nieplitz, KlaRas-Verlag Berlin 2001,
ISBN 3-933135-11-7

Beate Schubert u.a. (Hrsg.), Brandenburg. Der Westen Band 3:
Der Fläming und das Baruther Urstromtal, ProLineConcept-
Verlag, Templin 2001, ISBN: 3-931021-42-4

Karte
Landesvermessung und Geobasisinformation Brandenburg (Hrsg.),
Topographische Freizeitkarte 1:50.000 Naturpark Nuthe-Nieplitz,
Potsdam 2005, ISBN 3-7490-4094-X

Naturpark
Westhavelland

Oranie
burg

Rathenow

Milow 2

Brandenburg
an der Havel

Potsdam

Lu
fel

Stücken
Glaue
ⓘ
ⓘ

14 **Dobbr**

Naturpark
Hoher Fläming

Belzig

Naturpark
Nuthe - Nieplitz

Raben
15

Jüterbog

Liebe

15 FEUCHTE WIESEN, TROCKENE TÄLER UND SANDIGE HÖHEN

Kurz vor Mitternacht. Im Wald ist es stockdunkel. Nur schemenhaft sind Gestalten zu erkennen, die schweigend durch den Frühlingswald eilen. Sie streben der Quelle zu, die in der Nähe leise murmelt. Die jungen Frauen schöpfen mit ihren Krügen Osterwasser – es verspricht derjenigen Schönheit, die sich damit wäscht. Doch der Zauber kann nur wirken, wenn den Wasserträgerinnen kein Sterbenswörtchen über die Lippen kommt. Noch ist der Rückweg nicht geschafft, ein knackender Ast hier, ein auffliegender Vogel dort – den Frauen kommt er lang und unheimlich vor. Und dann gibt es auch noch Männer, die ihnen ihr Vorhaben zusätzlich erschweren. Sie machen sich einen Spaß daraus, die Dörflerinnen zu erschrecken. Aber schon ein kleiner Angstlaut reicht aus, dem Wasser seine Wunderwirkung zu nehmen und es zu profanem „Plapperwasser" werden zu lassen.

Natürlich stellt sich die Frage, was die Männer von diesem dummen Scherz haben. Die alte Geschichte zeigt aber deutlich, welche Bedeutung das Wasser für Landschaft und Menschen im Hohen Fläming hat.

Der Hohe Fläming ist trocken, er gehört neben der Schwäbischen Alb zu den wasserärmsten Gebieten Deutschlands. Die Seen aus der Saale-Kaltzeit vor rund 150.000 Jahren sind längst verlandet. Niederschlagswasser versickert rasch auf den sandigen Höhen. Und dennoch oder gerade deswegen spielt das Wasser eine so große Rolle in der Region, wie auch Bräuche und Volksmund belegen.

Denn was der Fläming an Wasser hat, ist bemerkenswert und äußerst kostbar, nicht nur wegen der Knappheit. Zahlreiche Quellen, klare Bäche und ein großes Feuchtgebiet, die Belziger Landschaftswiesen, prägen die Landschaft des Naturparks Hoher Fläming, über die Martin Luther einst gesagt haben soll: „Ländeken, was bist Du für ein Sändeken…"

SCHWARZSTORCH BEI DER NAHRUNGSSUCHE
Gemessen schreitend im seichten Wasser

Gesundbrunnen – nahe am Paradies

Welcher Naturpark hat schon einen Gesundbrunnen und ein Paradies zu bieten, und das nicht einmal weit voneinander entfernt? Diese (und andere) Quellen des Naturparks Hoher Fläming tragen nicht nur bemerkenswerte Namen, sie sind auch deswegen so reizvoll, weil sie nicht eingefasst wurden, sondern ganz natürlich vor sich hin sprudeln dürfen.

Der Gesundbrunnen ist die schüttungsreichste Quelle Ostdeutschlands. Seinem Wasser sagt man heilende Kräfte nach. Der Überlieferung nach entstand der Gesundbrunnen nach einem starken Gewitter, als eine mächtige Hügelkuppe einstürzte und weggespült wurde. An die Stelle des Hügels trat das heutige Quellgebiet. Für Wanderungen ist das sumpfige Gelände – im Gegensatz zum Paradies in Dippmannsdorf – allerdings ungeeignet.

Der Naturpark Hoher Fläming wartet auch an anderen Stellen mit solchen Quellsümpfen auf. Hier tritt das Grundwasser flächig an mehreren Punkten gleichzeitig aus dem Erdboden hervor. Eine Hauptquelle ist oft nicht zu sehen, vielmehr sickern viele kleine Rinnsale aus dem Boden, die sich erst in einiger Entfernung zu einem Bachlauf vereinigen. Quellsümpfe sind auf den ersten Blick kaum von „normalen" Feuchtwiesen oder Bruchwaldgebieten zu unterscheiden. Zwei Merkmale verraten sie jedoch: Quellgebiete frieren fast nie zu, und selbst im Winter findet man in ihnen noch frische, grüne Vegetation. Grund dafür ist eine durch das ganze Jahr hindurch relativ konstante Wassertemperatur von 4 bis 13 Grad Celsius. Quellwasser ist nicht nur kühl, sondern auch sauerstoff- und nährstoffarm, dafür häufig reich an Kohlensäure und Kalk. Gelöstes Eisen färbt das Wasser rot, wie zum Beispiel das der Quellen bei Klein Briesen. Typische Pflanzen der Quellgebiete sind das Bittere Schaumkraut und das Quellmoos. Ein weiterer typischer Bewohner ist die Zweigestreifte Quelljungfer, mit einer Körperlänge von mehr als 10 Zentimetern und einer Flügelspannweite von 9 bis 11 Zentimetern eine der größten Libellenarten Europas. Sie benötigt als Lebensraum Bäche mit hoher Fließgeschwindigkeit, hohem Sauerstoffgehalt und sehr sauberem Wasser. Neben der Blauflügeligen Prachtlibelle gilt diese Libellenart darum als charakteristische Anzeigeart für hervorragende Wasserqualität. Sie wird jedoch nur schwer entdeckt und ist daher wenig bekannt. Zudem ist sie bereits stark gefährdet: Die Art ist zwar relativ weit verbreitet, aber jeweils nur in geringen Populationsdichten.

Wo Wasser zu finden ist, nehmen Populationsdichten zu. Jedenfalls gilt das für die Flämingdörfer Schwanebeck, Lütte, Dippmannsdorf und Ragösen, die sich wie an einer Perlenschnur an der wasserreichen Hangkante des Hohen Fläming aufreihen. In Dippmannsdorf liegt der Quelltopf „Paradies", der von alten Buchen, Eichen und Erlen eingefasst wird. Aus einigen Dutzend Quellen sprudelt das klare, kalkarme und kühle Wasser und schafft einzigartige Lebensräume. Zahlreiche Pflanzenarten, wie Schwanenhals-Sternenmoos oder das wechselblütige Milzkraut haben hier ihr Paradies gefunden. Überall gluckert, murmelt und sprudelt es, unter Wurzeln hervor und über Moospolster hinweg strömt das Wasser einem verträumten Waldteich zu, ohne die Zeit zu haben, dort lange zu verweilen: Zu kleinen Läufen vereinigt speist das Quellwasser die Mühlenteiche und das Dippmannsdorfer Naturbad, bevor es zum Urstromtal hin in die Belziger Landschaftswiesen entwässert.

WANDERGLÜCK
Zehenspitzengefühl

Schlängeln mit Schlingen und Schlaufen

„Schlingel" von Natur aus sind so manche Flämingbäche.
Anders als ihre Pendants in den Belziger Landschaftswiesen und
anderen Zuläufen der Plane ließ man ihnen freien Lauf, und so
winden sie sich von rechts nach links, von Prall- zu Gleithang,
durch Wald und Wiese. Kein Wunder, dass in solchen naturbelassenen Landschaftsteilen noch so viele Rote-Liste-Arten vorkommen: Bachforelle und Bachneunauge sind in den klaren Bächen
allgemein verbreitet, und in den abgelegenen Waldbereichen ist
sogar der Schwarzstorch anzutreffen. Anders als sein populärer
Verwandter, der Weißstorch, lebt er sehr zurückgezogen. Er liebt
große feuchte Laubwälder mit altem Baumbestand. Störungen
gegenüber reagiert er äußerst empfindlich: Selbst kleine Beeinträchtigungen führen zum Verlassen des Nestes und dem Verlust
der Brut. Seine Nahrung findet er in fischreichen Gewässern und
auf feuchten Wiesen.

In den Unterläufen von Plane und Buckau kommt noch die
Schmerle, ein kleiner, langgestreckter, eher nachtaktiver Fisch
vor, und auch der vom Aussterben bedrohte Edelkrebs hat im
Fläming nach der großen Krebspest zwischen 1870 und 1880
letzte Rückzugsbiotope behalten. Noch vor 130 Jahren war der
Edelkrebs so zahlreich, dass sein Handelsertrag etwa dem der
herkömmlichen Fischerei entsprach. Bis zu 4.800 Krebse täglich
exportierte ein brandenburgischer Händler damals nach Frankreich. Auch auf der Tafel Friedrich des Großen landeten vermut-
lich Edelkrebse aus dem Hohen Fläming, wie man einem zeitge-
nössischen Zitat entnehmen kann: „Die Plane, so seiner Majestät
zusteht, berget gar schmackhafte Forellen und schöne Krebse
werden gefangen..."

Verlorene Wasser und Bilderbuch-Bäche

Das Wasser der in der Nähe der Ortschaft Raben entsprin-
genden Plane und des nördlich von Werbig fließenden Verloren-
wasserbachs zählt zum saubersten in Brandenburg. Das zeigt
unter anderem das Vorkommen von sechzehn Steinfliegenarten
allein in der Plane. Das sind 62 Prozent aller in Brandenburg
nachgewiesenen Steinfliegenarten. Sie gehören zu den empfind-
lichsten Wasserinsekten.

STIMMUNGSVOLLES PLANETAL
Empfehlenswerte Wanderungen entlang des Bachlaufs

Der Verlorenwasserbach war früher ein „Schwindbach". Sein Wasser ging buchstäblich verloren: Der Bach versandete nach wenigen hundert Metern und tauchte erst weiter talwärts wieder auf. Durch die zurückgehenden Niederschläge der vergangen Jahre hat sich sein Quellgebiet inzwischen verlagert, der Verlorenwasserbach hat heute einen ununterbrochenen Verlauf. Das Quellgebiet und sein Oberlauf stehen unter Naturschutz.

Die Plane ist ein Bach wie aus dem Bilderbuch. Gleich hinter dem Naturparkzentrum in der Ortschaft Raben und unterhalb der bekannten Burg Rabenstein verbinden sich mehrere Sicker- und Hangquellen zu diesem längsten Fließgewässer des Naturparks. Der Name der Plane stammt aus der Zeit slawischer Besiedelung, als der Stamm der Ploni hier ansässig war.

Für eine besonders schöne Wanderung durch das Naturschutzgebiet „Planetal" empfiehlt sich als Ausgangspunkt das Naturpark-Besucherzentrum in Raben. Dort können Besucher selbst Quellen zum Sprudeln bringen, sich in das Fläming-Platt einhören oder eine Zeitreise durch eine Rummel – eines, der nur bei Starkregen wasserführenden Trockentälchen – unternehmen. Natürlich können sie sich dort auch wertvolle Informationen holen oder an einer geführten Wanderung teilnehmen.

WANDERN IM PLANETAL
Auf eigene Faust oder mit der Naturwacht

Die Wanderung durch das Planetal führt den Bachlauf entlang bis nach Rädigke. Der Bach mäandriert hier auf natürliche Weise durch die Landschaft, Erlen säumen seinen Lauf. Nahe dem Dorf Rädigke gibt es einen größeren Stieleichen-Hainbuchenwald. Bachforelle, Dreistachlicher Stichling, Bachneunauge, Bergmolch und Edelkrebs bewohnen das klare, temperaturkonstante Wasser, seltene Libellenarten wie der Kleine Blaupfeil, das Kleine Granatauge und die Zweigestreifte Quelljungfer besiedeln seine Ufer. Zur Vogelwelt des Planetals gehören Eisvogel, Gebirgsstelze und als Wintergast die Wasseramsel.

Seit 1990 wurden insgesamt rund 30 Kilometer der Flämingbäche renaturiert. Uferbefestigungen wurden entfernt, Wehre und Staustufen beseitigt, zu enge Rohre durch größere ersetzt, Ufer bepflanzt, Sohlgleiten gebaut und Bachsohlen höher gelegt. Begradigte Bachläufe erhielten ihre Schlingen und Schlaufen zurück oder wurden wieder in ihr altes Bett geleitet.

Meister Müller und die „schwarze Katze"

„An Flüssen sind vorhanden die Plahne, hebet sich an bey Raben, gehet 4 Meilen durchs Land und treibet 9 Mühlen, fällt endlich bei Brandenburg in die Havel", so heißt es in der Belziger Chronik von 1743. Von den neun Mühlen sind noch drei in Betrieb: An Werder- und Komturmühle kann man die Flämingforelle geräuchert oder frisch aus dem Teich erstehen. In der weiter nördlich gelegenen Wühlmühle wird noch heute Roggen gemahlen. Bekannter ist sie jetzt wegen des dort ansässigen Pferdehofes und früher wegen eines Kobolds, der dort sein Unwesen trieb: Der Legende nach vertrieb ein Bär, der mit seinem Bärenführer eine Nacht Quartier in der Mühle genommen hatte, den bösartigen Kobold. Der traute sich ein Jahr später nochmals zum Müller und fragte: „Mölla, Mölla, lewet juwe grote schwarte Katt noch?" Geistesgegenwärtig erwiderte der Müller: „Jo, deh lewet noch und hett sewen Junge kreegen!" Entsetzt schlug der Kobold die Tür zu und ward nie wieder gesehen.

Auf dem 156 Meter hohen Mühlenberg streckt die restaurierte Borner Bockwindmühle ihre neun Meter langen Flügel in den Wind. Sie wurde Anfang des 19. Jahrhunderts gebaut und ist heute, wie auch die Mühle in Cammer, als technisches Denkmal geschützt.

Spezialisten am Werk im Naturschutzgebiet Flämingbuchen

Fast die Hälfte des Naturparks ist bewaldet. In weiten Teilen dominiert die Kiefer. Es gibt im Naturpark aber auch noch naturnahe Wälder mit bis zu 200 Jahre alten Bäumen, zum Beispiel im Naturschutzgebiet Flämingbuchen.

In diesen alten Mischholzbeständen mit Buchen und Traubeneichen und einem hohen Totholzanteil ist der „Wappenvogel" des Naturparks zu Hause: der Mittelspecht. Er ist ein Spezialist,

NATURPARK-„WAPPENTIER" MITTELSPECHT
Sieht dem Buntspecht sehr ähnlich

der seine Nahrung unter rissiger rauher Borke alter und toter Bäume sucht. Auch beim Nestbau ist der Mittelspecht wählerisch. Er bevorzugt starke Seitenäste von Laubgehölzen und dürfte daher vom brandenburgischen Waldumbauprogramm profitieren, mit dem Kiefernmonokulturen wieder in artenreiche Laubmischwälder umgewandelt werden sollen.

Eine Wanderung auf dem von Medewitz kommenden, Rollstuhl geeigneten Wanderweg durch das Naturschutzgebiet Flämingbuchen gehört zu den landschaftlichen Höhepunkten im Naturpark Hoher Fläming. Das Gebiet hält eine weitere dem Fläming eigene Besonderheit bereit: die Flämingbuche. Sie sieht aus wie jede andere Buche, unterscheidet sich genetisch aber von allen anderen. Sie ist auf besondere Weise standortangepasst: Sie wächst genau dort, wo der Regen vor dem Fläming-Höhenzug abregnet. Die Niederschläge sind dort bis zu 100 Millimeter höher (zwischen 600 und 650 Millimeter) als im Landesdurchschnitt. Und wegen der Höhenlage – um die 200 Meter – ist es dort auch um ein halbes Grad kühler als im restlichen Brandenburg. Bei Neuanpflanzungen greifen die Förster daher auf die angepasste Flämingbuche zurück, das Saatgut wird an Ort und Stelle eigens dafür gewonnen.

„Berge" – „Schluchten" – „Felsen"

Frauenberg, Räuberberg, Bullenberg... augenzwinkernd wird der Hohe Fläming auch das „kleinste Mittelgebirge Deutschlands" genannt. Mit dem Hagelberg, einem eher sanft ansteigenden „Zweihunderter", gibt es im 827 Quadratkilometer großen Naturpark eine der höchsten Erhebungen des norddeutschen Raumes. Steiler und beeindruckender sind da schon die Hänge des Fläming-Höhenzuges im Nordosten des Naturparks, die bis zu 60 Meter tief zu den Belziger Landschaftswiesen hin abfallen.

„Baumeister" der Naturpark-Landschaft war die Saale-Kaltzeit vor etwa 150.000 Jahren. Höhenrücken und Urstromtal, Abflussrinnen und Findlinge – die Gletscher schoben zusammen, hobelten, transportierten. Eingeschlossen im Eis wanderten Riesensteine und Felsbrocken aus Schweden oder vom Ostseegrund bis in den Südwesten Brandenburgs. Mit dem Abschmelzen der

Gletscher gab das Eis sie wieder frei, die zurück gebliebenen Findlinge machen den Naturpark Hoher Fläming zu einer steinreichen Gegend. Von faustgroß bis beinahe haushoch reichen ihre Abmessungen. Der Riesenstein in der Nähe der Brautrummel bei Grubo steckt mit sichtbaren Abmessungen von vier mal drei Metern noch metertief in der Erde. Natürlich rankt sich um einen solchen riesigen Stein eine alte Sage: Als die Burgen Eisenhardt, Wiesenburg und Rabenstein zu gleicher Zeit von Riesen erbaut wurden, wuchs Eisenhardt am schnellsten. Neidisch schleuderten die beiden anderen „Bauherren" Steine gegen sie, die aber, wie der Riesenstein, ihr Ziel verfehlten.

Schlichte Schönheit alter Kirchen

Sichtbare und sehenswerte Folge des Steinreichtums sind die vielen Feldsteinkirchen des Hohen Fläming, die ab dem 12. Jahrhundert in vielen Dörfern kunstvoll und mühselig errichtet wurden. Diese Kirchen bestechen durch ihre einfache Schönheit. Oft waren sie das einzige steinerne Gebäude im Ort. Schon von außen ziehen sie die Blicke auf sich. Die kleine Dorfkirche von Grubo besteht beispielsweise aus rund 8.000 behauenen Feldsteinen allein im Außenmauerwerk. Nur 100 Jahre nach der Kolonisation dürfte die Landbevölkerung immer noch vor allem

KIRCHE IN GRUBO
Schlichte Schönheit – kunstvoll und mühselig errichtet

mit dem täglichen Überleben beschäftigt gewesen sein, umso
beeindruckender ist diese Leistung. Innen sind die meisten Kirchen
mit liebevollem Bauernbarock, Holzschnitzereien und manchmal
geradezu üppigen Wandmalereien ausgeschmückt.

Rummeln – trügerische Idylle

Eiszeiten und Erosion schufen eine weitere Besonderheit
im Naturpark Hoher Fläming: Die Rummeln. So wird ein weit
verzweigtes System von engen, bis zu 12 Meter tiefen Trockentälern auf der wasserlosen Hochfläche des Naturparks bezeichnet
– ähnlich den „Kehlen" im Naturpark Märkische Schweiz. Der
Begriff Rummel leitet sich wahrscheinlich von „Ramel" aus dem
Magdeburger Raum oder dem mecklenburgischen Wort „Rämel"
ab. Beides bedeutet Rinne oder Furche. Diese Trockentäler tragen

so reizvolle Namen wie „Steile Kieten" oder „Brautrummel". Während der Weichseleiszeit war der Fläming zwar eisfrei, doch der Boden war ständig gefroren. Die Schmelzwässer der im Sommer abtauenden Schneedecken konnten nicht im Boden versickern. Sie flossen oberflächlich ab und schürften immer tiefere Rinnen aus. Als wegen der im Mittelalter einsetzenden Abholzungen das schützende Waldkleid fehlte, konnten Niederschläge neue Rummeln ausspülen und alte vertiefen: Wind und Wasser kerbten sie bis zu zwölf Meter tief ein. Die meiste Zeit des Jahres sind die Rummeln zwar trocken. Bei starken Regenfällen oder nach der Schneeschmelze können einige aber auch heute noch Wasser führen.

„Das Flämingwasser kommt!" ist ein Schreckensruf, der sich auf solche „wasserführenden" Gelegenheiten bezieht. Aus den einsamen Trockentälern können, so wird berichtet, schnell Todesfallen werden, wenn plötzliche Wassermassen sie hinunterstürzen. Im „Chronicon Beltzense" ist nachzulesen, dass durch „schädliche Gewässer ... 1729 ein Fuhrwerk vor Belzig elendiglich ertrunken" sei. Die Brautrummel erhielt ihren Namen, weil hier der Sage nach ein Liebespaar ertrank, das sich zu einem Schäferstündchen am Vorabend der Hochzeit in dem abgelegenen Tälchen traf.

Im Jahr 2005 sorgte ein Unwetter im Naturpark Hoher Fläming für eine ähnliche Szenerie: Gewaltige Wassermassen durchspülten in kurzer Zeit die Brautrummel. Regen und Hagel lösten Erdrutsche und Gerölltransporte aus, Bäume wurden entwurzelt. Die umliegenden Ackerflächen verloren große Teile ihrer Krume, die am Grunde der Rummel mächtige Schwemmkegel bildete.

Wer sich solchem möglichen Nervenkitzel lieber nicht alleine aussetzen mag, sollte an einer Führung der Naturwacht teilnehmen. In jedem Fall sind Wanderungen durch die „Wadis" des Naturparks zu empfehlen: zum Beispiel durch die sagenumwobene Brautrummel, deren Talsohle durch eingespültes Erdreich der angrenzenden Ackerflächen verflacht wurde oder, im Gegensatz dazu, durch die steilwandige Neuendorfer Rummel. Beide Trockentäler sind Refugien für viele Tier- und Pflanzenarten, die sich aus den ausgeräumten Ackerlandschaften hierher zurückgezogen haben und über die die Naturwächter Interessantes zu berichten wissen.

Steppenbewohner auf den Belziger Landschaftswiesen

Der Naturpark Hoher Fläming hat jedoch nicht nur wasserarme Höhenzüge zu bieten, sondern zwischen Brück und Golzow auch einen Landschaftstyp, der das genaue Gegenteil darstellt: die Belziger Landschaftswiesen, eine 76 Quadratkilometer große, feuchte Niederung. Sie ist Teil des mächtigen Baruther Urstromtals. Vor 12.000 Jahren bahnten sich hier gewaltige Schmelzwässer ihren Weg. Bis 1790 war dieses Gebiet im Nordosten des Naturparks noch fast flächendeckend mit Bruchwäldern aus Erlen, Eschen, Eichen und Hainbuchen bewachsen. Schaurig muss einst eine Durchquerung gewesen sein. Von Stimmen im Nebel, Irrlichtern und Räubergesindel erzählen alte Geschichten. Der Erlenwald war hier so dicht, dass sich die Männer darin versteckten, um der Zwangsrekrutierung durch den Soldatenkönig zu entgehen. Nachdem die dichten Sumpfwälder gerodet waren, wandelte man das ehemalige Niedermoor in Grünland um. Die Niederung wurde durch die Anlage eines dichten Netzes kleiner, flacher Gräben entwässert. Die dadurch neu entstandenen zahlreichen Wiesen, Weiden und Gräben wirkten überaus anziehend für eine Vielzahl von Wat- und Wiesenvögeln. Schon bald begannen zahlreiche Arten hier zu brüten. Die weite, baumlose Landschaft zog selbst Steppentiere wie die Großtrappe, den schwersten flugfähigen Vogel Europas, als Kulturfolger an.

GROSSTRAPPE
Der Trapphahn ist an seinem Federbart gut zu erkennen

Im 19. Jahrhundert wurden in Deutschland noch Trappenjagden durchgeführt, alte Kochbücher erwähnen das eine oder andere Trappenrezept. 1940 lebten immer noch mehr als 4.000 der Großvögel in Deutschland. Doch seitdem wurde die Landwirtschaft intensiviert, hat sich der Lebensraum und das Nahrungsangebot des „Märkischen Straußes" stark verkleinert. Die scheuen Vögel haben eine hohe Fluchtdistanz. Zum Brüten nutzen sie hierzulande die „Kultursteppe": große Acker- oder Brachflächen. Bei der kleinsten Störung verlassen sie die Brut. Die Bestände sanken und sanken, 2004 waren es in den Belziger Landschaftswiesen noch 33 Tiere. Intensive Schutzbemühungen führten in den letzten Jahren zu erfreulichen Erfolgen. Inzwischen leben in Brandenburg etwa wieder 100 Tiere, 36 davon in den Belziger Landschaftswiesen. Auch wenn damit das Überleben der Großtrappe in Deutschland noch längst nicht gesichert ist, stehen die Chancen dafür mittlerweile nicht mehr so schlecht.

Die Beobachtung der Trappenbalz von Beobachtungstürmen aus ist inzwischen ein alljährlicher Höhepunkt unter Vogelfreunden in Brandenburg. Die Hähne finden sich Ende März bis Ende April auf ihren uralten Balzplätzen ein, plustern sich mächtig auf, stülpen ihr leuchtend weißes Untergefieder nach außen und drehen sich im Paarungsspiel. Dabei pressen sie Luft durch den After – ein weit hörbares, dumpfes Pupsen ist die Folge, das sowohl die Trappenweibchen als auch die beobachtenden Ornithologen in Verzückung versetzt.

Naturparkstädte: Zinnsoldaten und Heudiebe

Das über tausendjährige Belzig ist das Tor zum Naturpark mit direktem Bahnanschluss an Berlin. Hoch über der Stadt thront die Burg Eisenhardt. Sie gilt als älteste Höhenburg des Landes Brandenburg und wurde wohl im Jahre 997 erstmals urkundlich erwähnt. Im Museum, das in der Burg untergebracht ist, können Besucher die Geschichte der Region kennen lernen. In einem Zinnfigurendiorama wird das berühmte Gefecht bei Hagelberg vom 27. August 1813 nachgestellt, bei dem ein französisches Corps durch Landwehrtruppen aufgerieben wurde. Unterhalb der Burg befinden sich die Burgwiesen, durch die munter der Belziger Bach plätschert. Ein eineinhalb Kilometer langer

BURG EISENHARDT
Schöne Aussicht auf die Altstadt von Belzig

Rundwanderweg führt an dem mit alten Bäumen gesäumten Bachufer entlang. Hier wurde ein „Naturerlebnispfad für alle" angelegt, eine für Rollstuhlfahrer geeignete Einrichtung mit interessanten Einblicken und Informationen. Liebhabern von „Wellness-Tempeln" ist der Besuch der Stein-Therme Belzig mit ihrem Solewasser zu empfehlen.

Wiesenburg erhielt einst seinen Namen, weil die dortige Siedlung über von Quellen bewässerte Wiesen verfügte. Früher spielte die Heugewinnung eine wichtige Rolle zur Versorgung der Siedlungen. Das Heu war wertvoll, so wertvoll, dass es sogar immer wieder zu Heudiebstählen kam, wie Chroniken berichten.

Schloss Wiesenburg wurde in der zweiten Hälfte des 16. Jahrhunderts gebaut. Für den Bau wurden Teile einer mittelalterlichen Burg verwendet, die zuvor an dieser Stelle gestanden hatte. Schloss und Park wurden im 19. Jahrhundert umgestaltet. Der im Stile eines englischen Landschaftsgartens angelegte Schlossgarten zählt zu den schönsten im Land Brandenburg. In dem 90 Hektar großen Gelände wechseln sich Baumpartien mit Blumenbeeten ab, ergänzt von Teichen, Grotten, Wasserspielen und ausgedehnten Wiesen.

Huffreundlich und barrierefrei – Modellregion Naturpark Hoher Fläming

Der Naturpark Hoher Fläming ist in mehrfacher Hinsicht eine Brandenburger Modellregion. Besonders weit entwickelt sind hier barrierefreie Angebote für Menschen mit Mobilitätseinschränkungen. Unter dem Motto „Naturpark für alle" wurden zahlreiche Einrichtungen einbezogen und zum Teil neu geschaffen, bei denen die Nutzer auf keine Barrieren stoßen sollen: weder Kinder oder Mütter mit Kinderwagen, noch Sehbehinderte, Blinde oder Rollstuhlfahrer. Der Naturpark gibt eine eigene Broschüre „Naturpark für alle" heraus, in der diese Angebote zusammengefasst sind.

Ein weiteres führendes Angebot entwickelte der Naturpark Hoher Fläming mit seinen insgesamt rund 250 Kilometer langen Reitrouten. Sie ermöglichen Rundritte von Pferdehof zu Pferdehof, durch Wälder und Wiesen, zu Burgen und Dörfern, von verlorenen Wassern zu sprudelnden Quellen, Naturerlebnisse inklusive. Besonders gut meint es dabei der meist weiche, sandige Flämingboden mit den Hufen der Pferde.

RADWANDERUNG ZUR BRAUTRUMMEL
Bei extremen Wetterlagen mit Vorsicht zu genießen

Besucherinformation
Naturparkzentrum „Alte Brennerei"
Brennereiweg 45   14823 Rabenstein / Fläming, OT Raben
Fon 033848 600 04
www.grossschutzgebiete.brandenburg.de

Anfahrt
Regionalexpress RE 7 Bhf. Belzig. Bus 592 (nur an Schultagen,
nach Voranmeldung kann für Gruppen ein Busshuttle ab Bhf.
Belzig organisiert werden)

Autobahn A 9, Abfahrt Klein Marzehns,, Autobahn A 2, Abfahrt
Wollin

Tourismusinformation
Tourismusverband Fläming e.V.
Küstergasse 4   14547 Beelitz
Fon 033204 628 70
www.reiseregion-flaeming.de

Tourist-Information Belzig
Marktplatz 1   14806 Belzig
Fon 033841 387 99 10, -11
www.belzig.com

Reiseführer
Rasmus, Carsten und Klaehne, Bettina, Wander- und Naturführer
Naturpark Hoher Fläming, KlaRas-Verlag Berlin 1997

Beate Schubert u.a. (Hrsg.), Brandenburg. Der Westen Band 3:
Der Fläming und das Baruther Urstromtal, ProLineConcept-
Verlag, Templin 2001, ISBN 3-931021-42-4

Karte
Landesvermessung und Geobasisinformation Brandenburg (Hrsg.),
Topographische Freizeitkarte 1:50.000 Naturpark Hoher Fläming,
Potsdam 2005, ISBN 3-7490-4073-7

Wildnis stiften

Vom Truppenübungsplatz zum Wildnisgebiet

Stiftung Naturlandschaften Brandenburg
Schulstraße 6, 14482 Potsdam

fon 0331/7 40 93-22, fax -23
info@stiftung-nlb.de
www.stiftung-nlb.de

Stiftung
Naturlandschaften Brandenburg

Natur
Schutz
Fonds

Stiftung

Brandenburg

Wir fördern Maßnahmen zum Schutz, zur Pflege und zur Entwicklung von Natur und Landschaft

Wir erwerben, sichern und entwickeln Flächen, die für den Naturschutz wertvoll sind

Die Flächenagentur GmbH baut in unserem Auftrag landesweit Flächenpools auf und trägt damit zur Effektivierung der Eingriffsregelung bei

Die Naturwacht Brandenburg ist ein professioneller Mittler zwischen den Ansprüchen der Menschen und den Bedürfnissen der Natur

Ein Fonds, der Zukunft sichert!

NaturSchutzFonds Brandenburg
-Stiftung öffentlichen Rechts-
Lennéstraße 74, 14471 Potsdam
Telefon: (0331) 971 64 -70, Fax: -77
presse@naturschutzfonds.de
www.naturschutzfonds.de

AUTOR

Jörg Götting-Frosinski studierte an der Freien Universität
Berlin Amerikanistik, Slavistik
und Theaterwissenschaft. Bis
1997 arbeitete er als Redak-
teur eines Umweltmagazins in
Berlin. Anschliessend und bis
heute ist er in der Öffentlich-
keitsarbeit der brandenburgischen Großschutzgebiete mit
dem Schwerpunkt Naturtouris-
mus im Landesumweltamt
Brandenburg in Potsdam tätig.

In Hamburg aufgewachsen, prägten vor allem die Nord-
und Ostseeküste seine Naturerfahrungen in Deutschland. Später
kam das Hochgebirge dazu.

Seine Leidenschaft für Brandenburgs Natur und Landschaft
war Liebe auf den ersten Blick: Nach dem Mauerfall war er –
meist mit Familie – jedes Wochenende im Brandenburgischen
unterwegs. Jörg Götting-Frosinski lebt mit seiner Familie in
Berlin-Prenzlauer Berg.

Horizonte

Kulturland Brandenburg 2007 | Fokus Wasser

ntdecken Sie mit uns Brandenburg neu!

www.kulturland-brandenburg.de

.ulturland Brandenburg e.V., Schlossstraße 12, 14467 Potsdam ☎ (0331) 58160 ⌨ info@kulturland-brandenburg.de
.turland Brandenburg 2007 wird gefördert durch das Ministerium für Wissenschaft, Forschung und Kultur sowie das Ministerium für Infrastruktur und
.mordnung des Landes Brandenburg. Mit freundlicher Unterstützung der brandenburgischen Sparkassen gemeinsam mit der Ostdeutschen
.rkassenstiftung im Land Brandenburg. ⑤ für Brandenburg

FOTONACHWEIS

Titelfotos
Fischadler auf Beutefang: Gerhard Schulz
Wasserwandern: Immo Tetzlaff

K. Albrecht 236   Dr. Gerhard Alscher 91   Archiv Landesumwelt-
amt 36 37 39 60 62 65 77 97 100 106 107 108 109 112 113
(u.) 114 117 118 127 130 144 147 149 153 161 165 167 173 174
181 187 189 190 191 202 (o.) 239 242 247 (2) 271 275 278
Marion Bernicke-Pèrez 27 32   Dr. Horst Beutler 223
Dr. Günter Blutke 17 86/87 104/105 113 (o.)   Mike Dittrich 33
Ralf Donat 217 218   Flussgebietsgemeinschaft Elbe 14/15 22 26
44   Michael Feierabend 54 (2) 55   Dr. Thilo Geisel 16 18 50/51
Jörg Götting-Frosinski 35 47 72 80 82 141 154 203 205 210
Dr. Eberhard Henne 93 280   Harald Hirsch 234/235
Manuel Hirt 41   Günter Hübner 43   Annelie Kauer 188 (u.)
Wolfgang Klaeber 142 183   Gert Klinger 71 75 79 (2)   LFV 231
Frank Liebke 122/123 124 128 129 133 134   Wolfgang Linder 19
Andrea Mack 188 (o.)   Gerd Messerschmidt 70   Naturwacht
Schlaubetal 162   Fritz-Peter Ney 46   Dietmar Nill 138/139 151
158/159 238 268/269   Klaus Pape 98   Jochen Purps 20
Peter Radke 214/215 219   Carsten Rasmus 24 52 166 169 170
171 221 224 228 273 274 277 282 283   Hartmut Richter 89 240
Jürgen Schiersmann 30/31   Frank Schröder 180 194   Gerhard
Schulz 40 58 95 (2) 163 202 (u.) 260   Hans Sonnenberg 192
Cathrin Stiehr 244 245   Immo Tetzlaff 111   Tourismusverband
Spreewald e.V. 198/199 201 207 208 227   Rainer Weisflog 184
Dr. Peter Wernicke 68/69   Konrad Wothe 57 178/179
Dr. Rainer Zelinski 250/251 253 255 256 257 258 262 263

Es konnten nicht in allen Fällen die Fotorechte eindeutig geklärt
werden. Gegebenenfalls bitten wir um Nachricht.

Karten
Landesumweltamt Brandenburg, Katrin Lehmann
Seite 10/11: kontur Berlin

Gartenland
Brandenburg

Gartenland Brandenburg e.V. | Schlossstraße 12 | 14467 Potsdam
Telefon 0331-581 60 | Fax 0331-58 16 16 | kontakt@gartenland-brandenburg.de
www.gartenland-brandenburg.de

IMPRESSUM

Herausgegeben vom Landesumweltamt Brandenburg in Zusammenarbeit mit dem L&H Verlag GmbH Hamburg

 Das Buch wurde finanziell unterstützt vom Ministerium für Ländliche Entwicklung, Umwelt und Verbraucherschutz Brandenburg

 Landesumweltamt Brandenburg
Seeburger Chaussee 2   D-14476 Potsdam
Fon 033201 44 2(0)171
www.brandenburg.de/land/mluv/lua
infoline@lua.brandenburg.de

 EMB Erdgas Mark Brandenburg

IDEE UND KONZEPT
Landesumweltamt Brandenburg und L&H Verlag

REDAKTION
Leitung und Texte   Jörg Götting-Frosinski, Landesumweltamt Brandenburg
Mitarbeit   Andrea Mack, Landesumweltamt Brandenburg

Texte und Mitarbeit
Helmut Donath, Naturpark Niederlausitzer Landrücken
Peter Engert, Naturpark Schlaubetal
Jeanette Fischer, Biosphärenreservat Flusslandschaft Elbe-Brandenburg
Ursula Grützmacher, Naturpark Märkische Schweiz
Claudia Hesse, Naturpark Westhavelland
Marina Krüger, Naturpark Barnim
Doris Lorenz, Biosphärenreservat Spreewald
Andrea Mack, Naturpark Dahme-Heideseen
Beate Blahy, Biosphärenreservat Schorfheide-Chorin
Roland Resch, Naturpark Uckermärkische Seen
Cordula Schladitz, Naturpark Niederlausitzer Heidelandschaft

ODEG
OSTDEUTSCHE EISENBAHN

Natur verbunden!

Nationale Naturlandschaften

Naturfreunde aufgepasst – Mit den Zügen der ODEG gelangen Sie auf vier Linien mitten in die schönsten Naturlandschaften Brandenburgs. Entdecken Sie mit uns die bequemste und schonendste Art auf Safari zu gehen.

Fahrkarten erhalten Sie ohne Aufpreis am Automaten im Zug. Es gilt der VBB-Tarif.

Informationen: www.odeg.info
Beratung: 030/514 88 88 88

Verlässlich. Komfortabel. Freundlich.

Dr. Mario Schrumpf, Naturpark Stechlin-Ruppiner Land
Astrid Schütte, Naturpark Nuthe-Nieplitz
Kerstin Trick, Naturpark Hoher Fläming
Hans-Jörg Wilke, Nationalpark Unteres Odertal

SATZ UND GESTALTUNG
Wolfgang Henkel   L&H Verlag
Stefan Seufert   Satz Text Buch   Hamburg

DRUCK UND BINDUNG
Druckerei zu Altenburg

© L&H Verlag GmbH Hamburg
Postfach 55 06 69   D-22566 Hamburg
Fon 040 800 50 663

L&H Verlag Berlin
Einsteinufer 63a   D-10785 Berlin
Fon 030 34 70 95 15
www.LH-Verlag.de   LH-verlag@tsredaktion.de

Bibliografische Information der Deutschen Bibliothek
Die Deutsche Bibliothek verzeichnet diese Publikation in der
Deutschen Nationalbibliografie; detaillierte bibliografische
Daten sind im Internet über http://dnb.ddb.be abrufbar.

ISBN 10   3-938608-03-X
ISBN 13   978-3-938608-03-6

1. Auflage 2007